上海市经济和信息化委员会信息化推进处（大数据处）指导

国际数字之都

上海城市数字化转型
市民手册

上海市信息服务业行业协会 组编
陆 雷 张礼立 主编
张礼立 执行主编

中国出版集团 东方出版中心

图书在版编目（CIP）数据

国际数字之都：上海城市数字化转型市民手册 / 陆雷，张礼立主编. — 上海：东方出版中心，2021.12
ISBN 978-7-5473-1931-4

Ⅰ. ①国… Ⅱ. ①陆… ②张… Ⅲ. ①数字技术－应用－城市建设－上海－手册 Ⅳ. ① F299.275.1-62

中国版本图书馆 CIP 数据核字（2021）第 238944 号

国际数字之都：
上海城市数字化转型市民手册

组　　编　上海市信息服务业行业协会
主　　编　陆　雷　张礼立
执行主编　张礼立
出版统筹　郑纳新
策　　划　付　江　万　骏
责任编辑　陈哲泓　陈明晓
装帧设计　钟　颖

出版发行　东方出版中心
地　　址　上海市仙霞路 345 号
邮政编码　200336
电　　话　021-62417400
印 刷 者　上海盛通时代印刷有限公司

开　　本　890mm×1240mm 1/32
印　　张　8.5
字　　数　158 千字
版　　次　2021 年 12 月第 1 版
印　　次　2021 年 12 月第 1 次印刷
定　　价　39.80 元

序一

思考在城市数字化转型之时

2021 年 1 月 4 日，在新年的第一个工作日，《关于全面推进上海城市数字化转型的意见》正式对外发布。可以说，这对上海这座城市的未来发展和上海居民的福祉增进，影响极其重大和深远。为什么要去做这件事情？它对在上海生活的每个人的日常生活和事业发展会带来哪些影响？身处其中，我们每个上海市民该以什么样的身份和心态积极参与？该如何推进城市数字化转型？这些都是我们应当了解和必须面对的问题。

首先，我们来了解一下什么是信息空间。

“人工智能 2.0 之父”潘云鹤院士认为，以前的世界是二元空间，一元是物理空间（Physical space），一元是人类社会空间（Human society space），物理空间通过自然科学影响人类社会空间，人类社会空间通过工程技术改造物理空间。如今，通过物联网、移动通信等，信息可以绕过人类，直接反映物理空间，一个新的空间——信息空间（Cyberspace）正在形成。我们的世界正从原来的 P-H 二元空间变成 C-P-H 三元空间。物理空间通过传感信息与多媒体大数据建立信息空间，信息空间通过自主装备改变物理空间。人类社会空间与信息空间通过大数据、互联网社区、人机交互应用相互作用。

我们可以通过信息空间改造物理空间，如无人机。我们可以通过信息空间重新认识人类自己，如人口普查。从二元空间到三元空间的变化，将使人类产生新的认知，影响所有的自然科学、工程技术和社会科学，并为之提供新的研究方法，促使新学科门类产生。

认识了信息空间，我们来谈谈数据。

产业发展总是需要一个核心“引擎”，如果说 20 世纪产业发展的核心要素是资本的话，那么到了 21 世纪，数据的威力正在全面展现，它必将超过资本，成为人类发展新世界的新力量、新工具、新增长极。

评估资本力量的方式是计算资本实力。资本实力由资本总量与资本流速的乘积决定。资本总量越大，资本流速越快，资本发挥的作用就越大，资本带来的效益越明显。美国是全世界资本总量最足的国家，加上它有适合资本流动的社会机制，因此它拥有当前最强大的资本实力。

我国改革开放的重要措施之一是引进外资，这就是为了增加我们的资本总量，因为我们资本不足，我们这个湖泊的水量不够，没有足够的水，怎么浇灌田地？所以要通江达海引水入渠，要引进外资补充资本总量。与此同时，我们还进行社会主义市场经济体制改革，这就是为了让资本可以更加有效地流动起来。资本不流动就体现不出价值，只有让资本流动起来，它才能实现增值，创造价值。

在21世纪，数据将超过资本成为国家竞争力的核心要素。数据实力的公式是数据总量乘以数据流速。与资本实力一样，我们首先要有足够多的数据，然后就是数据的充分流动。与资本不同，数据是越用越多、越用越有价值、越用越智慧的要素资源。那么，当前中美两国的数据实力谁家强？答案是——都不怎么样，因为两国的数据流动基本都是零，所以都还没有产生真正的价值。

怎么让数据发挥其真正的价值，成为人类社会新发展的核心“引擎”呢？那就要真正解决数据堰塞湖、数据质量差、数据治理体系不完善这三大问题。数据只有流动起来才有价值，数据本身要真实有效，要建立以数据使用和治理为核心的相应法律法规，建立交易共享规则和体系，保障数据时代的伦理和权益。

搞明白了上面两个问题，上海为何要实现城市数字化转型，则其义自见。

首先，上海的城市数字化转型是中国城市未来发展样式的实验，也是全球城市未来发展形态的尝试。如果我们认定了数字化城市是未来城市的必然发展方向，那么建成“公平、包容、活力、韧性”的国际数字之都这个目标的提出，就是由上海这座城市积极创新、勇搏潮头的“调性”决定的。城市数字化转型以前没有人做过，没有经验可以借鉴，我们在做人类社会的率先探索，为人类城市的发展方向“开疆拓土”。

其次，上海的城市数字化转型是社会生产力发展到一定阶段之后，新型生产关系出现的必然。在这场变革中，企业是主力军，依托市场力量全面推进是这场改革的主体策略；人民是主人翁，转型的目的是让人民享受到更好的社会服务，共享人类社会进步和改革发展的成果；城市是主战场，上海是中国城市数字化转型的核心阵地、最高标杆，一切重大的变革都将在这片土地上展演。这次转型将是“整体性转变、全方位赋能、革命性重塑”。我们的转变将是全面的，不只是经济，不只是生活，也不只是治理，而是全部都要实现转变。我们在构建一个新的基本形态，技术给予了新的思维、新的方法、新的逻辑，我们同步在制度上予以创新，全方位配合。我们要改变的是自己，我们要改变过去的做法，要改变我们的生产关系，适应今天新的更高的生产力发展。一个勇于自我革新的城市，才配得上卓越二字。

最后，上海的城市数字化转型是为满足人民追求更高品质生活的必然。“人民城市人民建，人民城市为人民”，人民是城市的根本，数字化转型突出“以人为本”的数字生活体验，突出“统筹谋划”的转型推动机制，突出“数字孪生”的未来场景打造，突出“市场主体”的活力充分迸发，以数据为基础内容，通过技术、场景、制度设计达到数字赋能生态，做到“健康慧服务、成长全赋能、居住数空间、出行畅体验、文旅智享受、消费新方式、扶助准触达、数字无障碍”，实现“智惠基本民生、智享质量民生、智达底线民生”。一切为了人民，为了人民的一切，为了一切的人民，只有依靠着人民，服务着人民，根植于人民的改革、转型、发展才是真正有生命力的，这是上海城市数字化转型的核心生命力所在。

陆雷

上海市信息服务业行业协会秘书长

2021 年 9 月

序二

深化数字革命以人为本

全球经济的核心竞争是对产业的技术标准与主导权的争夺。以人工智能、大数据、区块链、元宇宙等为代表的数字科技基础建设已然成为全球经济发展的最主要的内生性驱动力。今天中国已经拥有全球数量最多的超级大型城市，与此同时，今天我们在量子通讯、5G、航天航空等一些方面已经走在世界前列，在不少科技领域，我们有着领先的数字化与信息化的能力。5G全面商用下的新一代数字经济的后浪，正在引领着全世界经济新旧增长动能的快速转换。数字化的中国战略与规划已经非常明确了，城市数字化转型正如火如荼地进行。全球领先的数字化超大城市必将会产生新的产业与新的竞争力。在城市治理效率和人民体验之间，在人民与市场和治理之间，如何系统集成化发展是对我们地方政府决策的重大挑战。

党的十九届五中全会提出了数字化发展。2020年11月25日，中共上海十一届市委十次全会首次提出“全面推进城市数字化转型”，为上海打造具有世界影响力的国际数字之都定了调，明确了方向。仅在一个多月后的2021年首个工作日，一份引领城市未来发展的重要文件——《关于全面推进上海城市数字化转型的意见》（以下简称《意见》）正式发布。《意见》的出台，标志着上海正式打响了建设具有世界影响力的国际数字之都的“发令枪”。这是马不停蹄驶入“快车道”！面对“十四五”高质量城市数字化发展，上海抱定了“起步即冲刺、开局即决战”的决心和信心，其核心战略就是科技以人为本。

对上海而言，全面推进城市数字化转型是塑造城市核心竞争力的关键之举，也是超大城市治理体系和治理能力现代化的必然要求，更是一项事关全局、事关长远的重大战略决策。我们有着非常精准的定位，就是打造具有世界影响力的国际数字之都。《意见》提出的目标分为两个阶段，到2025年，上海全面推进城市数字化转型取得显著成效，国际数字之都建设形成基本框架。到2035年，上海成为具有世界影响力的国际数字之都。先进的基础设施、海量的人口数据、丰富的应用场景、扎实的科技和产业基础，以及合理的人才梯队，是我们上海推进城市数字化转型的基础和优势。特别是自2011年起，上海始终沿着数字化的大方向不断探索前进。“一网通办”“一网统管”打响全国政务服务和城市治理品牌；数字基础设施领跑全国，率先建成“双千兆第一城”。在边实践边调整的过程中，我们上海从350个国际城市中脱颖而出，于2020年11月成为首个获得“世界智慧城市大奖”的国内城市。这充分展现了上海的城市数字化转型所取得的成绩。

清晰的上海城市数字化转型路径

党的十八大以来，党中央高度重视发展数字经济，实施网络强国战略和国家大数据战略。

数字技术深度赋能产业，为人民创造更好的工作机会。经济数字化转型是城市数字化转型的核心基础。近年来，上海深耕数字经济成效明显，以在线新经济为例，去年上海全市新一代信息技术行业营收逆势增长6.5%，在线新经济全年营收增速12%。在进一步加快推动上海数字产业化、产业数字化，放大数字经济的辐射带动作用的过程中，特别重视数据的价值，加快释放数据要素改革红利。通过建立数据要素市场，健全数据要素生产、确权、流通、应用、收益分配机制，以数据流动牵引资金、人才、技术、知识等要素的全球化配置，引导建立数据治理和安全保障体系，促进数据价值最大化发掘。在做优做强城市核心功能的过程中，大力提升城市数字化创新策源能力，加强关键核心技术攻关、功能型平台建设，加快建设集成电路、人工智能等世界级数字产业集群，建立跨地域科技资源的协作网络，强化基础研究、应用研究和产业化双向链接。

过去这五年，上海的在线经济发展迅猛，从估值最高的AI公司到增长最快的电商平台，特别是相当部分的信息化和数字科技的人才都出现在了上海。2021 年上海的产业数字化与数字产业发展迅速，包括多个方向，如类脑智能、量子通信、5G、智能物联、区块链，重点升级电子信息、汽车、高端装备、先进材料、生命健康、时尚消费六大传统行业，还会围绕进博会和其他展会开展国际数字贸易，其中包括100个重点的基础研究和应用研究项目。上海正在把全球工业数字孪生技术运用到城市的运营与治理中，这样的创新示范，将为中国城市的数字发展开天辟地。另一方面，上海正在孕育具有国际影响力的新生代互联网、数字化领军企业、千亿级电商平台、有海外影响力的数字内容原创IP，这里面将会产生大量的全新工作和创业机会，上海城市数字化转型与全面发展将会如虎添翼。

上海在体验经济方面，特别是信息与数字的基础工作做得非常扎实。全力推进数字化，以及新国潮的发展与叠加，会直接让上海成为全国，乃至全球体验经济最大的试验场。城市的数字化，必然需要基础设施的支持。我们一方面在加大力度建设新型信息与数字的赋能的基础，另一方面也在云上加速建设数字城市，作为全球拥有最多高层楼宇和最多咖啡店的城市，上海的城市数字孪生模型，包括了5G室外基站、卫星互联网基础设施，为未来城市通信打下基础。终端方面，城市公共安全视频监控、道路综合杆和智能快递箱等更是成为上海城市数字化转型发展的有力基础保障。

在生活方面，上海将着重从企业运营、市民生活和城市运行高频急难的问题中发现数字化转型的使用场景，从市民的体验出发，打造智能便捷的数字化公共服务体系，加强市民、市场和政府，在生活、经济和治理的各类信息系统间实现业务协同、数据联动，提高城市生活品质，让生活与过程更便利，体验更丰富。特别在医疗、教育、就业、文旅、商圈、交通六大板块，上海引导市场主体参与数字化转型场景运营，努力使人人都成为数据的生产者、治理者、使用者、获益者，以数字化和信息化，激发城市生命体，也就是我们所有市民的活力。

上海是全国老龄化发展的前沿城市，以市民健康需求为中心的数据升级对生活的品质提升与过去以行业为中心的出发点截然不同。上海城市数字化的健康发展更关注就医过程，其实横跨了互联网、交通、医疗、银行、保险五大部门，以市民的健康管理为中心的数字化，就是突破每个部门各干各的，模块之间有衔接的新思维、新举措。当然，在生活中，除了健康管理之外，上海城市数字化转型也积极打造市民的体验地图，今天上海的城市管理者正在通过市民体验地图的思路，逐步打开一个全新的世界，特别在青少年素质教育、职业教育等民生热点全要素上实现数字孪生，提升治理。

就业是生活中的重要组成部分。上海将推动实现社保卡的长三角一卡通，这非常有利于人才在长三角区域的流动。交通方面，上海探索建设数字交通大平台，把航空、铁路、公交、地铁、出租车、网约车这些原来各自为战的交通部门数据全部融合，努力为市民的出行提升效率。当然，出行是有目的地的，文旅和商圈就是我们市民出行的主要目的地，新型数字景区、旅游直播、AR 实景 3D 等数字旅游新方式，会与我们的城市数字酒店、商业区结合，推动数字和实际消费融合的体验，积极推动消费中心的建设与发展。

在治理方面，上海将打造科学化、精细化、智能化的超大城市“数治”新范式，深化改革制度，对治理模式进行全面升级，提高现代化治理效能。2021 年 10 月 18 日，习近平在中共中央政治局就推动我国数字经济健康发展进行的第三十四次集体学习时强调，要完善数字经济治理体系，健全法律法规和政策制度，完善体制机制，提高我国数字经济治理体系和治理能力现代化水平。要开展社会监督、媒体监督、公众监督，形成监督合力。要完善国家安全制度体系。要加强数字经济发展的理论研究，就涉及数字技术和数字经济发展的问题提出对策建议。一方面，上海纵深推进“一网通办”“一网统管”工程，实现政务服务从“能用”向“好用”转变，加快法治、公安、应急、公用设施等领域的数字化转型；另一方面，加强数字底座赋能，推动政府以数据驱动流程再造，践行“整体政府”服务理念，以数据为基础精准施策和科学治理，变“人找政策”为“政策找人”。过去，无论是居住证、户籍，还是办公司拿资质，效率低下，流程冗长，都是政府老大难的问题。所以这方面上海的目标很明确，要变革制度，改善技术的发展，必须要各个打通。我们分割的数据实现“一网通办”，要推进电子票据、电子证照、电子印章，实现网上办理，比例达到70%，为市民群众减少了大量办事的时间，大大提升效率。推动城市整体迈向数字时代；这是全方位的赋能，是整体性的转变，涵盖生产、生活、生态，包括经济数字化、生活数字化、治理数字化等各个领域，进一步提升上海超大规模城市系统的运行效率、配置效率和产出效率。同样，这也是一次革命性的重塑，以数据深度运用为驱动，倒逼城市管理手段、管理模式、管理理念深刻变革，一次整体性的转变，引领生产生活方式和思维模式全面创新，创造最具未来感的数字城市新体验。

未来上海数字化在“十四五”发展中的作用

改革开放四十年来，上海经济取得卓越的发展，其中最关键的原因是有一个好的开放环境。2018年首届中国国际进口博览会上，中央交给上海三项重大任务：增设上海自贸区试验区新片区、实施长三角一体化发展国家战略、设立科创板并试点注册制。2021年7月15日，《中共中央国务院关于支持浦东新区高水平改革开放打造社会主义现代化建设引领区的意见》正式发布。此次引领区的提出，与三大任务是一次系统集成，从长三角一体化到双循环战略新格局，引领区建设意味着国家对上海提出更高的要求，即高水平开放、高层次改革、高质量发展。

站在“十四五”的起点上，上海在全国范围首次提出了“全面推进城市数字化转型”的同时，我们充分认识到挑战是巨大的，任务是艰巨的，目标是明确的。这一全新课题、系统工程，瞄准未来数字城市的特征和趋势，为打造具有世界影响力的国际数字之都定下了基调。

当前，上海已基本建成国际经济、金融、贸易、航运中心，形成具有全球影响力的科技创新中心基本框架。推动上海的“五个中心”从“基本建成”到“完全建成”，城市数字化转型要发挥积极的作用。世界上每一次科技革命都会涌现出一批创新发明，但其中只有一部分能引领时代的变革。上海在新时代科创技术革命中领跑，不单纯是从经济层面，更要体现在创新、协调、绿色、开放、共享“五大发展理念”上，让数字信息化的产城融合成为新示范。

中国数字经济的持续稳定快速发展，已经成为经济增长的重要途径。信息化和数字化所推动的创新加速传统产业与科技的融合。今天的信息产业，产业数字化以及大量的新型场景，正在推动大众创业、万众创新。经济结构调整和自主创新是中国经济保持长期增长的努力方向，通过持续的科技进步和创新能力的提升，为产业发展构造了超长产业链与新型化发展的特点。城市数字化转型的市场、市民和政府的三方作用，会产生场景应用的蓝海，我们需要通过场景经济、平台经济、在线经济中合适领域的探索，在行业细分赛道当中创新商业模式和运营模式，引导产业升级。当然，所有这一切的实现都需要大量的高质量人才，我们要欢迎来自全球的高质量人才，包括企业家、科学家、学者定居上海，成为新上海人。

马克思主义先进文化和中华优秀传统文化是伟大建党精神的渊源与资源。软实力更是全球文明城市的内生驱动力，是城市形象最集中的体现。海纳百川、追求卓越、开明睿智、大气谦和的上海城市精神塑造了开放、创新、包容的上海城市品格。包容的多元文化和穿透性体现了上海强大的文化融合能力。2021 年 6 月，上海率先提出将“软实力”应用于国际大都市的城市发展与治理，推动上海提升国际传播能力。一个城市的文化品牌很重要，培育城市软实力，需要融合中华民族优秀传统文化与城市精神，阐述核心价值观。在社会主义核心价值体系的框架下，提倡东方文化主流价值，是当代中国城市软实力的价值观表达。如果不具备文化软实力，上海就不会成为真正的国际化大都市。

目前，在信息文明方面，上海正通过全面推进城市数字化转型，形成以数字化、网络化、智能化为主要特征的数字城市基本框架，成为信息集聚中心、知识传播中心、全球信息网络的枢纽，成为数字化生产方式和智慧生活方式的引领者。信息在一定程度上是比物质和能源更为重要的资源，信息的产生、发布、使用、整合将成为经济活动的枢纽之一，并对全社会的政治生活、文化生活产生重要的影响。因此，“十四五”期间，立足上海的战略地位，厚植城市精神，彰显城市品格，继续弘扬红色文化、海派文化、江南文化，进一步优化进博会贸易国别结构，围绕上海的重大任务，提升文化软实力，我们要充分运用数字化技术，打造“沉浸感”和“临场感”。现在，结合每年的上海进口博览会，把贸易和投资通过数字和信息深度融合，做大进博会，做深“一带一路”，全方位打响上海文化品牌。

老龄化、数字化和城镇化三化共振的时代，我们老年人在日新月异的社会发展中被不断边缘化的同时，整个社会的平等、公平和效率也受到了影响。要弥合代际数字鸿沟，就要倡导建立以全龄包容为导向的设计、评估与服务体系。上海的城市数字化转型是一个数据挖掘利用与科技全面赋能的过程。如何化解数字、信息安全挑战以及数字鸿沟的问题尤为重要。特别是近年来，代际数字鸿沟现象在中国逐步加剧，日益严重。代际数字鸿沟也使得占中国总人口近五分之一的老年人的社会参与权重下降，加剧了社会不平等和不公正。对此，一方面，我们倡导各类公共服务“数字无障碍”，创造无处不在、优质普惠的数字生活新图景；另一方面，加强网络应用培训，消除网络代沟，从而扩大内需。如今网络市场兴起，人们都在网上消费。从设计者角度看，在物理或数字化产品和界面的设计中，应充分注重面向老龄人群的设计、评估和服务理念，充分考虑老龄人群的身体机能、行动特点和日常生活习惯。从使用者角度看，应鼓励并帮助老龄人群接触各类新技术产品，更好地融入数字生活，如果我们想办法把老年消费群体打开，内需可以获得大大增长。面向未来，对老龄化、老龄社会的准备与应对，正在成为企业、城市、区域乃至一个国家的核心竞争力的关键要素，既是挑战，更是机遇——不可估量的超级机遇。

人民城市，数字之都，上海经验

数字是一种新工具，大数据是一种新维度，是让我们了解世界的一种新途径与新视角，是我们企业转型升级的新途径。在这场关乎全球核心价值链未来分工地位的竞争中，大量的新基建科技研发投入、极具深度与广度的市场应用，让我们的企业和产业走在了世界前列，也表现得越来越有底气。数据越来越成为连接服务国内大循环和国内国际双循环的引领型、功能型、关键型要素，面对新发展阶段的新机遇、新挑战，需要进一步增强坚定性和紧迫感，坚持整体性转变、全方位赋能、革命性重塑。数字科技是发展之魂，激发产业新活力。产业生态在传统产业与技术深度融合后，将拓展出无穷无尽的产业应用场景。而使用好科技工具将帮助产业实现转型。从要素数字化的数字基础建设，到全生命化的过程数字化，最终实现经济社会的整体智能化升级。既传承了旧基建稳增长的属性，又具有推动投资效率边际递增的功能。在全球经济增长乏力情形下，数字经济被视为推动经济变革、效率变革和动力变革的加速器，撬动经济发展的新杠杆。

改革开放以来，上海城市发展经历了20世纪八九十年代制造业发展阶段，加入世界贸易组织后的服务经济发展阶段，以及当下“十四五”开局后的数字经济发展阶段，上海打造数字之都，要依靠城市软实力建设，吸引人才、资本、信息、技术等创新要素的集聚。打造具有自身特色的城市软实力，将成为新时期上海城市发展的重要发力点。今天的上海作为全国首个系统性提出城市数字化转型的城市，将率先探路，勇立潮头。

就像上海市政府倡导的那样，人民城市的理念就是城市应该让更多不同背景的普通人都有出场机会。我们要始终相信，策略的优化空间是无穷无尽的。当今时代已不再是出口加工的战略机遇期，而是创新机遇期，科技创新的主体是人才。在创新驱动的时代，任何一个城市如果能够激发市民的想象力、参与感，其实都将打开通往未来的大门。上海的城市数字化转型与发展就是要把未来的上海打造成新技术、新模式、新产业发展试验场，吸引各种各样来自全球的创新创业的人才和企业。

上海将率先探索新经验，用数字化方式创造性解决超大城市治理和发展难题；率先应用新技术，用数字化场景牵引技术创新和广阔市场空间；率先转换新动能，用数据要素配置链接全球资源、大力激发社会创造力和市场潜力，全面提升城市治理能力和治理水平现代化，为加快建设具有世界影响力的社会主义现代化国际大都市奠定扎实基础。

向着到2025年上海全面推进城市数字化转型取得显著成效，2035年建成具有世界影响力的国际数字之都的目标进发，上海的城市数字化转型之路刚刚开始，这是对标中央要求、人民期盼之路，在挑战中更要抓住机会，把握机会。希望每个人都作为数字时代的参与者，紧抓新一轮的变革机遇，为中国高质量经济发展而努力奋斗。

张礼立

上海市海外经济技术促进会秘书长

2021年10月

目　录

1 新基建与浦东 30 年发展有何关联

目前，人类社会正在由工业化社会向信息化社会演进，如果说工业化为社会配备了强健的“肌肉系统”，信息化就是在安装精密的“神经系统”。随着新一轮工业与产业革命的孕育兴起，以大数据、云计算、物联网、区块链、人工智能为代表的新一代信息技术成为“神经系统”的“大脑皮层”，为打造完善的数字化新型基础设施建设（简称“新基建”）、推进数字产业化与产业数字化落地、形成现代化产业体系、加快构建智慧城市提供支撑。

“新基建”是城市数字化转型的底座

“新基建”是城市数字化转型的底座，为经济、生活、治理三大领域的数字化转型都提供了重要的支撑。因为“新基建”不同于传统意义的基础设施，它为经济数字化转型提供了新供给与新动能，为生活数字化转型提供了新体验与新需求，为治理数字化转型提供了新环境与新能力。在此基础上，新基建为加速经济社会可持续、数字化转型提供了有效的路径和手段。随着“新基建”的落地，它将源源不断地产生新的业态、新的生产模式，也将产生新的职业岗位和机会。

从宏观层面来看，“新基建”代表未来长期经济发展的新动能，对实现长期结构转型升级的目标，对创造新的就业岗位，对缓解因疫情冲击而加剧的“就业难”可发挥独特作用。从微观层面来看，在经济转型、产业升级的环境要求下，企业、产业迫切需要“新基建”，以解决供应侧的问题，增强整个行业的潜力，为企业赋予新的发展动能。将新基建作为发力点，也将推动服务业和消费的升级，为服务业可持续发展注入新的动能。

除此之外，“新基建”也将助力智慧城市加速发展。在智慧城市的基础设施中包含了大量智能感知终端、大容量传输网络（包括基站）、数据计算处理中心等。数据中心作为智慧城市建设的核心要素，通过 5G 网络，为物联网、人工智能、VR/AR 等提供支撑。城市的数据中心为政府、企业、事业单位和个人提供多元化云服务，包括优化营商环境、城市治理、产业发展、生活服务等各类的平台应用，以及面向城市安防、智能监测、无人驾驶、城市运行感知等基础设施。

智慧城市区别于数字城市，其核心是“感知化”“互联化”和“智能化”。最初的数字城市概念于 1998 年提出，指应用计算机、互联网、多媒体等技术将城市地理信息和城市其他信息相结合，进行数字化并存储于计算机网络上所形成的城市虚拟空间。而智慧城市的概念源于 2008 年的“智慧地球”理念，指以移动互联网、云计算、物联网等新一代信息技术为支撑，以宽带泛在互联网络和数据中心等基础设施为基础，以知识社会的创新和智能融合应用为主要内容的城市发展高级形态。

回望我国产业体系的建设历程，浦东的 30 年巨变历经三个重要浪潮，是整个上海乃至中国改革开放的缩影。浦东是全国第一个新区，从设立之初就围绕着“开发浦东、振兴上海、服务全国、面向世界”的战略目标，30 年来逐步实现了从以农业为主的区域到功能集聚、要素齐全、设施先进的现代化产业新城的巨大跨越，成为国内大循环的中心节点和国内国际双循环的战略链接，取得了举世瞩目的成就。浦东 30 年的发展表明，在我国社会主义市场经济体制初创时期，浦东是无畏的探索者；在我国对外开放的壮阔历程中，浦东是积极的先行者；在我国推进全面深化改革的实践中，浦东是有力的引领者。浦东以 30 年开发开放的重要贡献，为全国的改革提供了示范，下一步有望通过“新基建”国家战略的落地，为建成具有国际影响力的数字之都持续积累经验，从而为全球的城市数字化转型提供引领与示范。从全国第一个新区迈向全球第一个“城市数字底座”，浦东正在成为中国的浦东，世界的浦东。

第一个浪潮：主城区带动片区发展

浦东自开发开放初期，其发展模式就与浦西迥然不同。20 世纪 80 年代，浦西中心城区还不到 200 平方公里的区域就容纳了近千万人口，不得不把重工业产业搬到郊区，逐步形成了石化、汽车、钢铁、造船等基地。而浦东开发开放以后，首先以城市功能划分区域，从一开始就引导陆家嘴、金桥、外高桥、张江、世博等五大功能区走产城融合之路，充分融合城市发展和产业发展，引领了中国城市新的发展方向。浦东的引领作用不单纯是经济层面，更体现在创新、协调、绿色、开放、共享“五大发展理念”上，产城融合是第一个浪潮中浦东最大的亮点与贡献。

第二个浪潮：长三角一体化与两翼齐飞

开发开放 30 年以来，浦东作为“长三角一体化”与“长江经济带”的起点，以及“一带一路”的重要节点，在社会治理、政府建设、科技创新和对外开放等方面都发挥了示范作用，因此浦东的开发开放也是辐射带动长三角与长江经济带的 30 年。2019 年 12 月中共中央、国务院印发的《长江三角洲区域一体化发展规划纲要》指出，到 2025 年，长三角一体化发展将取得实质性进展。浦东新区必然再次成为新一轮长三角高质量一体化发展的开路先锋和排头兵，充分发挥“服务”和“带动”作用：临港新片区通过推进投资贸易自由化便利化，打造与高水平国际通行规则相衔接、更具国际市场影响力和竞争力的特殊经济功能区；虹桥国际开放枢纽与长三角一体化示范区一左一右像两部引擎，对长三角一体化高质量发展形成“双轮驱动”，打造国内大循环的中心节点；虹桥国际开放枢纽与临港新片区在协同开放方面“两翼齐飞”，青浦加强西部开放绿色板块建设与浦东加快开放创新板块建设，使长三角真正成为国际国内双循环的战略链接，并为全国构建新发展格局探索路径与作出示范。

新一轮长三角高质量一体化发展也亟需“新基建”实现产业转型升级进而不断提升软实力，从而激发经济发展新动能、引领全国高质量发展、培育具有国际竞争力的产业集群、建设现代化经济体系。其实“新基建”并不是一个新概念，早在2018年12月中央经济工作会议上就正式提出了“新型基础设施建设”的概念，明确了其作为推动我国数字经济发展的重要抓手。根据国家发改委对“新基建”范围的明确界定，“新基建”主要包括信息基础设施、融合基础设施和创新基础设施三大方面内容，其本质内涵是通过发展具有数字化和智能化特征的硬核信息技术而服务于科技创新，利用大数据、云计算等数字技术对产业链进行改造升级，从而助力于我国抢占全球新兴技术制高点、培育地区经济发展新动能，为新时代我国经济的高质量发展提供强大动力和重要支撑。

“十四五”以来，“新基建”助力上海垒起了“城市数字底座”，催生信息服务新场景、新业态、新模式，释放了产业的强大潜能，从而为大力提高城市治理水平，推动治理手段、治理模式、治理理念创新做出贡献。新基建的快速推进，使传统产业搭上数字化快车加速升级。当前，浦东正在积极打造5G+人工智能+云计算基础设施、推动新基建下“云”“管”“端”基础设施建设、加强基础研究和应用基础研究、进一步参与国际标准的构建与引领，从而在全面推进经济数字化转型等方面先行一步，率先打好关键核心技术攻坚战，在全球科技革命和产业变革中赢得主动权，也为全球国际化数字之都的试验与建设形成引领和示范，为全球的智慧城市发展与数智化未来贡献浦东案例、上海智慧、中国模式。

第三个浪潮：引领区开启“3.0版改革”的新篇章

2021年7月《中共中央国务院关于支持浦东新区高水平改革开放打造社会主义现代化建设引领区的意见》发布，赋予了浦东新区改革开放新的重大任务，支持浦东勇于挑最重的担子、啃最硬的骨头，努力成为更高水平改革开放的开路先锋、全面建设社会主义现代化国家的排头兵、彰显“四个自信”的实践范例，形成引领和示范，在世界经济新的潮流之中确定自己的地位，更好向世界展示中国理念、中国精神、中国道路。在引领区建设的新阶段，浦东的五大片区和临港新片区将进一步深化产城融合，并在五大新城建设中发挥新的作用。社会主义现代化建设引领区，是浦东新区前30年开发开放和创新发展的深化和继续。

从长三角一体化到双循环战略新格局再到引领区建设，国家把一系列国家战略任务放在浦东，对浦东不断提出更高的要求，即高水平开放、高层次改革、高质量发展，推动浦东开发开放不断展现新气象。30年来，浦东大胆先行先试，取得显著成就，为中国特色社会主义制度优势提供了最鲜活的现实明证，为改革开放和社会主义现代化建设提供了最生动的实践写照，为上海乃至全国经济社会发展起到了示范引领作用，走出了一条解放思想、深化改革之路，面向世界、扩大开放之路，打破常规、创新突破之路，也为上海全面推进城市数字化转型，国际数字之都建设奠定坚实基础。

2 5G 技术仅仅是比 4G 更快吗

上海以 5G 为代表的数字基础设施建设领先全国

说起“5G”，我们对这个词并不陌生，它曾经长时间“霸占”热搜榜，它所受到的关注程度，已经远远超过了其技术本身。如今，5G 网络智能终端和新一轮创新应用将加速开启智能经济时代。2021 年年初，龚正市长指出：“上海今年要推动数字产业化、产业数字化，加快发展在线新经济，大力推进一批新基建重大项目，新建 5G 室外基站 8 000 个，加快建设国际数据港。”到年底全市将累计建成 4.5 万个 5G 室外基站。凭借 5G 的高可靠，低延时的特质，将在生命健康、汽车及无人驾驶、高端装备、先进材料和时尚消费品等领域实现跨界应用的创新与突破。

5G 对于“新基建”和数字化转型而言，不仅仅是几万个基站那么简单。同样是在今年年初，上海全面吹响推进城市数字化转型号角，推动“经济、生活、治理”全面数字化转型。上海目前 5G 行业示范应用“多点开花”，赋能城市数字化转型。5G+ 智慧银行、

5G+ 北斗高精度定位、5G+ 智慧工厂……一幕幕“5G 应用场景”正在变成现实。

5G 只是比 4G 更快吗

当然“快”是 5G 一个显著的优势，让我们看一下 5G 有多快。5G 相比 4G 在传输速提高 30 倍，用户平均体验数据率提高 10 倍，频谱效率也提高了 3 倍，能支持 500 公里时速的高铁，接口延时只有 4G 时的十分之一。其次，连接密度做到一平方公里能有 100 万个传感器连到一个网上，提高能效 100 倍，提高流量密度 100 倍。此外，4G 时峰值速率只有 600 多兆，平均速率只有 10 兆而 5G 峰值速率达到 20G，平均速率达到了 100 兆。

我们在理解 5G 的本质上，不建议把 5G 狭义地理解为“网络连接技术”，更应该看到以 5G 为核心的数字化科技会帮助更多前沿数字科技大规模商用，由此创造的绝佳场景。5G 正在利用它的核心特征，催生多种数字技术面向应用场景的集成式应用，从而发挥数字技术的“组合拳”价值。一方面，高可靠和低延时的特征，尤其适合用于智能工业的场景，例如，远程控制、工厂智能化、无人驾驶等。另一方面，大规模机器通信（mMTC）的低能耗等特点，推动物联网产业走向全面成熟带领各行各业走人万物互联时代，在金融、生命健康、汽车及无人驾驶、高端装备、先进材料、时尚消费品和智慧城市等应用都会迎来广阔场景。

5G 给数字化转型带来的影响

第一，数字化正在为企业带来颠覆性的改变，从推动边际效益，到转变底层的业务逻辑，企业经营发展的重心已经悄然转变。这些转变包含企业的业务模式、外部的市场环境，乃至竞争的核心规则。这一浪潮给企业带来的变化是由表及里，逐步递进的。一方面，这些重大的转变为企业带来前所未有的发展机遇，企业能够付出较低的成本，获得更高的收益、为客户提供更优质的交互与体验；另一方面，企业又必须面对人才、技术、数据等方面的挑战。无论如何，变局已成，应变是企业的唯一选择。

第二，国际技术格局也会得以重塑。国家将居于全球数字平台的主导地位，对数据的控制以及创造和获取价值的能力也会进一步加强集中和整合，而不是减少国家之间和国家内部的不平等。如今发展中国家受限于技术能力水平，他们只能充当原始数据的提供者，还必须反过来为利用他们的数据生成的数字情报付费。如果这个问题得不到解决，连接不足的国家和高度数字化的国家之间的差距将逐渐拉大，不平等将加剧。要打破这种恶性循环，比较可行的办法是找到一种数字经济的替代配置，更公平地分配来自数据和数字智能的收益，这就需要创新性思维。

第三，中国企业对数字机遇形成的共识，在影响经济未来发展的众多外部因素中，最应该关注的是技术与商业的融合。上海是全国改革开放的前沿，也是全面落实数字化转型的前哨。上海紧扣重点企业深耕行业，数字化转型彰显特色亮点，重点激发多元主体创新活力，推动在沪央企、地方国企、外资和民营企业结合行业特色，逐步形成了以知识化、质量型和数字孪生为特征的数字化转型之路。2021 年，上海市城市数字化转型领导小组办公室围绕“行动方案、行业指南、技术标准”三个维度，编制发布了“经济数字化转型三年行动方案”，聚焦“3+6”重点产业，制定了生物医药、汽车、电子信息、航天、航空等 10 大行业制造业数字化转型方案。紧扣重点产业、重点企业、重点场景三个方面，尽快取得突破。未来三年，上海要推动全市规模以上企业数字化转型比例达到 70%，特别是要聚焦“3+6”重点产业体系，带动全行业平均提质 3%、降本 8%、增效 8%。5G 作为通讯基础领域的“利器”将发挥巨大的推动作用。

5G 在商业中的应用场景

首先，5G 技术将为传统行业赋能。

当前，上海正在加快推进上海国际金融中心建设，越来越多以银行为代表的金融机构，正在进行智慧化升级。光大银行“5G 智慧金融超市”正是上海移动协同上研院建设的银行智慧化转型代表。在智慧网点，5G 数字人客服依托 5G 网络高速率、大带宽的特点，实时将采集到的语音流发送到云端，识别用户意图后，通过文本驱动语音动画的 AI 技术，驱动数字人实时生成语音、嘴型和肢体动作，云端实时渲染并传输至全息设备进行呈现。除了 5G 数字人，还有 5G 远程顾问、产品互动墙、网点视频分析等在传统银行网点看不到的智慧场景，让 5G 智慧银行更加科技化和智能化。

在生产制造领域，人工智能、5G 等新兴技术加速融入，数字化车间、智能工厂不断涌现。交大智邦 5G+ 智能化动力总成生产线、振华重工 5G 岸桥远程集控中心等多个应用落地上海，擦亮“上海制造”品牌，助力支撑上海制造业数字化智能化转型。位于上海自由贸易区临港新片区的航空发动机制造企业内，航空发动机试车远程监控与智能识别平台十分重要，依托 5G 网络搭建的六轴机械臂 + 工业相机的远程操控系统，通过机械臂搭载云台的方式实现发动机试车过程中的慢车检查，实现了高清视频传输。与此同时，依托 5G+ 机器视觉技术，可以对发动机试车过程的非正常工况（漏油、表面缺陷、振动等）进行智能识别。原有的商用航空发动机试验过程需要进行慢车状态的近机检查，这个过程伴随着油气、振动等可能产生人身伤害的因素。通过 5G+MEC 企业专网，将业务数据与公网数据隔离，在此基础上实现发动机状态的全监控，借助 5G 技术减少现场的布线工作，能够多路传输高清视频流，同时实现监控室与试车间内的低延迟实时互动，提升试车过程的可视化水平，提升了商用航空发动机试验的效率。

其次，5G 技术将催生新的应用和行业。

融合 5G、北斗系统等技术加快数字化改造，在智慧交通、智慧物流等重点领域开展试点示范，助力打造融合高效的智慧交通基础设施。通过 5G 网络和高精度定位网络实时提供亚米级、厘米级、毫米级高精度定位服务，赋能交通领域各项应用。截至目前，中国移动已在洋山港区域完成 56 个 5G 基站建设及 4 个高精定位基准站建设，提供高精度定位 V2X（车对外界的信息交换）人车路协同平台服务及其能力，在上海洋山港经东海大桥到芦潮港堆场约 42 公里路段，实现集卡编队自动驾驶。在复杂的作业环境下，车辆可在短时间内自动完成货物装卸，同时自主规划路线精准运输到指定地点。这极大提升了东海大桥通行能力，释放了洋山港的吞吐潜力，使之成为“5G+ 智能驾驶”的智慧港口。

5G 对车联网的赋能主要体现在以下两个方面：一是 5G 的超低时延，交通运行过程中路权分配等信息具有高并发性和高时效性的特点，要求在极短的时间内完成对数据的采集、汇总、处理和反馈。5G 网络可以提供小于 1ms 的低时延网络，将制动距离提高 0.2 ~ 0.5 米，满足自动驾驶场景的应用。二是大规模连接和增强移动宽带，由于车联网将推动汽车和更多的接入终端交换数据，数据传输量极大，5G 高稳定的大带宽移动网络将对此提供支持。相较于 4G，5G 在系统性能方面的指标将大幅提升，实现每平方公里 100 万的连接数密度，500km/h 的移动性支持，以及每平方米 10Mbps 的流量密度等关键能力指标。可见，对车联网来说 5G 为数据传输提供了速度和容量的支持。另一方面，车联通信也是 5G 的一大应用场景，车联网的通信标准主要有两类：一是以移动蜂窝通信技术为基础的 C-V2X（Celluar-Vehicle to Everything），二是专用短距离通讯 DRSC（Dedicated Short Range Communication）。其中 C-V2X 是基于传统蜂窝移动网络的车联通信标准。正在从 4G 向 5G 过渡，升高可靠性和时延敏感度，从而适应更多的应用场景。未来的车联网将会是 5G-V2X 和 LTE-eV2X 多种技术并存的状态，实现编队行驶、高级驾驶、传感信息交互和远程驾驶等多种应用场景。2020 年 4 月，上海嘉定联合上汽、华为、中国移动共同启动 5G 战略合作。四方协同打造智慧出行生态链、创建 5G 智慧交通示范项目、推进 5G 车联网示范应用和推广。如今，这样的画面已展现在大家的眼前：一辆辆自动驾驶的公交车缓缓停靠站头，车门自动打开，市民排队上车，前往商场、单位、学校，摄像头和雷达是它的眼睛、车载终端系统和智能化路侧单元是它的大脑、多维度云控平台是它的神经网络，它路感顺畅自如、判断安全高效。

5G 推动 AR/VR 发展的关键，在于 5G 能够提供高速传输。过去 4G 仅能够满足部分 VR/AR 应用，并且受限于传输速度，用户很难以流畅的速度体验 VR 视频。5G 则使高速率、高可靠性、低时延的信息传输得以实现，因此 5G 时代将拓展现有 4G 的价值，开辟出全新的应用场景，在各行业的融合发展下，5G 的快速连接将有利于提升用户 VR/AR 的产品体验，为用户带来更具感染力及沉浸感的体验，为更多行业提供便利。AR/VR 作为全新的应用场景，将成为 5G 时代最值得期待的应用场景之一，它将帮助传统产业释放新兴活力，给人民生活方式带来前所未有的变革。例如，虚拟现实和文化娱乐、医疗健康、工业生产、教育培训等场景，伴随着“5G+ 云赋能”，虚拟现实产业将迎来黄金发展期，开启千亿级市场规模。未来，随着政策的支持和技术变革，“5G+CloudVR（云化虚拟现实）”将加速推动应用落地和普及。5G 网络的大带宽、低时延等特性可以为云端的内容渲染、感知交互以及网络传输等方面提供支撑，为实时抠像提供高渲染速率，提供更贴近人类实际观看和情景想象的体验，帮助人们更好地查看和获取信息。未来 AR 办公、AR 购物、VR 直播、远程手术和虚拟课堂等将便利消费者的工作和生活。

当然 5G 的商用也不仅仅是上面所提到的这些新兴的和传统的产业，它作为新一代基础建设的国之重器，定会在未来上海迈向国际数字之都的道路上发挥重要的作用。

5G 时代，我们不仅仅是掌握了一项技术

5G 不仅仅是一项通信技术，它是实现产业数字化转型的基础和根本，我们要利用 5G 和 5G 的标准，在被西方技术标准垄断的今天充分释放 5G 的经济潜力。根据预测，在商业和社会层面，2025 年全球 1 000 亿连接将应用在公用事业、交通、制造、医疗、农业和金融等各个领域，推动数字化转型。到那时，企业的应用云化率将达 85%，AI 利用率将达 86%，数据利用率将剧增至 80%，每年新增的 1 800 亿 TB 的数据将源源不断地创造智能和价值。我们要明白，5G 商用的背后是不同行业、不同边界的知识和能力的融合。因此，我们必须从跨界知识环境、跨产业环境、跨地域、跨年龄以及政策指导角度去调整和规划人才培育，增加 5G 相关的基础科技教育投入，关注科技、产业、管理三方面融合人才的培养与锻炼，为产业发展提供可持续发展的必要的 5G 人才。上海在人才培育方面也是先行先试。去年，在浦东金桥建设“5G 技能人才培养基地”，打造“5G 技能湾”品牌。“5G 技能人才培养基地”将围绕“5G+ 未来车、智能造、数据港”等硬核产业发展需求，融技能人才培养、

等级认定评价、就业创业见习、政策咨询服务、竞赛展示交流等五大功能于一体，为 5G 产业发展培养技能人才。

中国进入 5G 商用时代，不仅仅是对建设数字中国的大力助推，更是进入未来世界的良好开端。中国掌握 5G 的科技话语权，对未来 30 ~ 50 年工业 4.0 时代的社会发展，尤其是工业应用、人工智能、计算机通讯科技产业等都有着决定性的影响，因此，我国应该倡导社会各产业融合细作，扎实推进 5G 相关的基础科技与人才的投入，不断扩大技术优势，拓展 5G 在国民经济与社会生活中的效能与影响。

3 人工智能改变城市未来

人工智能的产业化过程

人工智能（Artificial Intelligence），英文缩写为AI，最初是一门关于数据的科学。通过对大量数据的自动化分析，总结归纳数据中存在的各种规律，进而为人类的科学决策提供事实依据。但随着科技产业的不断发展，计算机算力的高速增长，原先在实验室中的一些模拟过程具备了慢慢走出实验室发展为产品的潜力，结合大量资本的投入，于是一个又一个创新性的人工智能产品就进入了市场，开始服务于人们的生活和其他产业的发展，进而一大批以提供人工智能产品为主的企业应运而生，最终他们都聚集到了一些地方在那里形成了一个产业。

人工智能产业化的环境要求

人工智能形成产业是需要适合的环境的，而这其中最重要的六个环境要素就是：大量的数据资源、专业人才梯队、前沿技术集成、多元而丰富的应用场景、健全的标准与法制环境、支持创新的营商环境。

数据资源方面：上海在2016年就已经成立了上海大数据交易中心，数据作为交易对象在上海的商业流通领域已经开展多年。而更重要的是上海有产生数据的天然土壤。一个将近2 500万人口的城市，拥有大量的数据生产点与场景。上海的数据资源利用效率明显在提升，管理者着力探索公共数据资源开发利用，发布《上海市公共数据开放暂行办法》，截至2020年底，累计开放数据超过4 000项，推动普惠金融、商业服务、智能交通等多个产业共11个公共数据开放应用试点项目建设。

人才梯队方面：根据2019年《教育部关于公布2019年度普通高等学校本科专业备案和审批结果的通知》统计，“人工智能”“数据科学与大数据技术”“智能制造工程”“机器人工程”“大数据应用与管理”这几个新增本科专业都是与人工智能直接相关的，其中单就“人工智能”专业而言，上海就有5所高校开设了本科专业，2020年又有多所大学新增开设“人工智能专业”，目前上海本地高校已经有超过8所设有本科阶段的“人工智能”专业。而如果把大数据、智能制造等这些相关学科都算上，几乎上海每所高校都有与人工智能有关的学科专业。2021年发布的《上海新一代人工智能算法创新行动计划（2021—2023年）》提及上海对人工智能人才梯队建设的雄心：“引进和培育50位左右算法领军学者和杰出青年科学家、培育和选拔100位左右首席算法师、培育10万人规模的算法应

用开发者群体。”

前沿技术集成：人工智能技术不是单独存在的，它通常与5G、大数据和云计算等科技相结合才能真正发挥价值。人工智能自身能发展成为产业的同时，还能带动其他产业一起发展。人工智能作为一个工具型产品可以通过与云计算的结合提供大量的算力支持，而与区块链的结合则可以很好地解决智能防伪、信用验证和数据主权保护等问题。如果做好场景产业，把整个人工智能与5G技术相融合，那在移动场景下的仓储物流、供应链管理、智能制造、工业物联网等一系列场景就变成了实实在在的大数据集成应用解决方案了。对整个经济的带动作用是巨大的。

多元而丰富的应用场景：上海的人工智能企业是幸福的，因为在上海，这些从事人工智能领域的专业机构几乎可以遇到目前人类探索商业世界与科研的所有场景。从大飞机、大邮轮的高端制造，到医学影像分析与基因分析，再到各类无人应用场景、金融机构的大数据风控，以及零售商场的智能导购，可谓上天入地，覆盖人类生产、经营与生活的各类场景。下一阶段，上海的人工智能场景发展将更多聚焦到多场景的融合与工业协同发展。到2023年，上海将要打造100个算法产品和100个算法应用典范案例。

健全的标准与法制环境：人工智能的发展需要有序、健康的环境。对于数据的滥用、错误的应用场景以及侵犯个人隐私等行为是要被坚决制止的。在2021年世界互联网大会上，习近平在贺信中提道：“当前，世界百年变局和世纪疫情交织叠加，国际社会迫切需要携起手来，顺应信息化、数字化、网络化、智能化发展趋势，抓住机遇，应对挑战。”而要能真正发挥数字化和智能化的价值，我们需要打通数据的断点，借助“一网通办”和“一网统管”的平台力量，将数据要素市场化、合规化、价值化。同时，通过建立行业标准，对人工智能产业实施健康管理，引导“科技向善”，消弭“数字鸿沟”，对于典型诈骗、滥用人脸识别信息、个人隐私数据买卖等行为应该通过法律和行业标准，从法理监管和技术监管两方面同时下手，保障产业的健康发展。因此，国家先后出台了多部法律法规，从标准到执行为上海本地的人工智能产业保驾护航。同时上海借助举办世界人工智能大会以及建设国际数据港和数据交易所的契机，开展与全球人工智能产业的交流，从人才、技术、标准与法规等方面建立有国际影响力的“上海标准”。

支持创新的营商环境：作为一个国际化大都市，上海的人工智能产业发展离不开全世界的支持，不仅得到了国际化大型科技公司，也得到了具备全球要素配置能力的大型金融机构与各类创投企业的大力支持。上海市战略性新兴产业资金通过投资补助、资本金、贷款贴息等多种方式，支持重点领域发展，中长期低息贷款政策从集成电路扩大至人工智能、生物医药领域。在 2019 年的世界人工智能大会上，上海市政府设立了上海人工智能产业投资基金，目的是加速孵化人工智能大会的成果项目，加快推进上海人工智能高质量发展。这支基金按照“整体设计，分期实施”规划，首期目标规模人民币 100 亿元，坚持市场化、专业化、国际化运作体制，带动社会资本投入，最终形成千亿级基金群。而就在刚刚结束的“2021 世界人工智能大会”上有 26 个上海人工智能产业创新集群项目签约，涉及 AI 创新生态、AI 智慧交通、AI 生命健康、AI 机器人等领域；上海市大型国企与上海人工智能产业投资基金投资的人工智能企业签约，共推“AI 驱动企业转型”应用场景战略合作；11 个上海数字生活标杆场景发布，聚焦便捷就医少等待、为老服务一键通、快捷停车助通畅等领域。

上海人工智能产业的现状与未来

人工智能作为一个先导产业，是其他产业发展的基础设施。在人工智能自身的产业结构中有算力板块、算法板块、工业制造服务和生活消费服务几个板块。在算力方面主要是 AI 芯片、集成电路和传感器，这方面上海处于全国领先地位；而在算法方面，上海在全国的第一梯队企业已经获得市场验证。目前上海在工业制造领域的人工智能应用还不多，这也是上海市政府把人工智能定位为先导产业，用来发展上海本身实力雄厚的高端制造的用意所在。而生活消费场景的人工智能企业在上海数量颇多，也有非常深厚的产业基础。目前上海已经建成了“4+X”载体空间格局，浦东张江、徐汇西岸、闵行马桥和临港新片区的发展已经具备完整的产业生态。

人工智能对上海城市发展的价值

2019 年 8 月 29 日由上汽 5G 智能重卡提供技术和解决方案的“全球首次 5G+AI 智能化港区作业”，已在上海洋山港成功落地实施。2020 年上汽红岩智能重卡在上海洋山港成功实现准商业化运营。在洋山港区内一些特定场景下可实现自动驾驶、厘米级定位、精确停车、与自动化港机设备的交互以及东海大桥队列行驶。港口运量由单月 500 箱增加到 4 500 箱，大大提升了洋山港的操作效率。

2021 年，上海市在《上海市先进制造业发展“十四五”规划》中将人工智能定位为三大先导产业之一，人工智能产业将全面实现“人工智能 +”，电子信息、生命健康、汽车、高端装备、先进材料、时尚消费品六大重点产业，起到关键的技术赋能与产业带动作用，为上海实现城市数字化转型构建坚实的经济发展基础。

下一步，上海将在“十四五”规划期间，聚焦打造人工智能“上海高地”的目标，在创新和算法平台的发展，全球人才梯队的建设，结合算力和人工智能应用法规与治理体系的建设等方面，争取“十四五”期间产业规模年均增长 15% 左右。上海要打造人工智能新高地就需要全市人民共同参与进来，目前市民对人工智能的认识还不足，缺少更多的科普类的知识与信息。同时，在人工智能领域上海也需要一两个世界级企业，向全世界的产业界发出“上海 AI 之声”。

4 人工智能是您身边的辅助决策“军师”吗

什么是人工智能辅助决策

对于人工智能大家并不陌生，人工智能已经成为行业媒体的头条新闻，或者成为一些科幻电影的主题。我们在互联网上的体验背后是人工智能，它决定了我们能看到哪些广告，它推荐视频，同时检测社交媒体上的机器人和恶意网站。许多公司使用人工智能来进行简历筛选，判断该面试哪些应聘者，也会用人工智能来判断是否应该批准某项贷款申请。自动驾驶汽车中的人工智能已经驾驶了数百万公里。我们已经把人工智能应用在智能手机中，它们会识别我们的语音指令，自动给相片中的人脸归类贴标签，甚至会在视频中加一个让我们看起来长着兔子耳朵的滤镜。

虽然人工智能这个词大家耳熟能详，但人工智能到底是什么技术呢？

我们可以从通讯、感知与行动这个三个现代人工智能的关键能力和应用来了解：第一，计算机视觉。计算机视觉（CV）是指机器感知环境的能力。这一技术类别中的经典任务有图像形成、图像处理、图像提取和图像的三维推理。物体检测和人脸识别是其比较成功的研究领域。随着深度学习的发展，机器甚至能在特定的案例中实现超越人类的表现。但是，这项技术离社会应用阶段还有一定距离，那要等到机器能在所有场景中都达到人类的同等水平才行。第二，自然语言处理（NLP）语音识别。这是指识别语音（说出的语言）并将其转换成对应文本的技术。语音识别已经处于应用阶段很长时间了。最近几年，随着大数据和深度学习技术的发展，语音识别进展颇快，现在已经非常接近社会应用阶段。第三，机器人学（Robotics）研究机器人的设计、制造、运作和应用，以及控制它们的计算机系统、传感反馈和信息处理。机器人可以分成两大类：固定机器人和移动机器人。固定机器人通常被用于工业生产（比如用于装配线）。常见的移动机器人应用有货运机器人、空中机器人和自动载具。机器人需要不同部件和系统的协作才能实现最优的作业。其中在硬件上包含传感器、反应器和控制器；另外还有能够实现感知能力的软件，比如定位、地图测绘和目标识别。

上述都是人工智能的范畴，但在技术、应用的领域却有很大的不同，接下来我们就来说说人工智能在辅助决策中的应用，并以我们上海的成功实践为例。

上海的应用：人工智能辅助决策的典型应用

1. 智能辅助诊疗

就在2021年，上海市人工智能行业协会医疗专业委员会正式成立，委员会的成立将发挥纽带和平台作用，做好服务，依托此平台聚焦行业领军企业，研究人工智能＋医疗垂直领域国内外的技术、研发、应用发展的特点和趋势，梳理行业前沿痛点和共性问题，研讨和提议相关领域的专业指导性意见，为制定相关政策提供参考；促进行业企业技术创新，制定行业标准及行业公约，促进专业人才的成长，推进人工智能＋医疗领域应用落地。智能诊疗能够贯穿医生面诊的前中后整个流程，目前主流的人工智能发展方向包括：语音病历、辅助决策、风险预警等领域，而随着更多资本的注入与行业关注度的提升，智能诊疗的功能还将进一步外延。

2. 辅助治疗

智能语音病历

简单来讲，就是通过语音识别技术，帮助医生快速录入病历。听上去简单，但能帮医生减负不少。根据丁香园调查，50%以上的住院医生每天用于写病历的平均时间达4小时以上，其中一部分甚至超过7小时，而应用语音病历后，医生的叙述内容可以实时地转换成文字，效率大大提升。

辅助治疗决策

辅助治疗决策是很多科技公司目前重点研究的方向，通过先进的算法，以临床指南知识库为基础，结合医生经验，对海量真实的临床诊疗数据和离院随访数据进行训练，能够挖掘治疗方案和结局的关联，对比不同治疗方案的效果。从而协助医生为患者提供更精准优质的诊疗方案。

AI 影像辅助诊断从不同病种的应用场景切入，有望解决医疗影像行业痛点。AI 图像目前已在肺部结节检测、糖尿病眼底镜筛查、乳腺癌病灶检测等疾病的辅助诊断中取得显著效果。我们预计，未来类似系统在辅助诊断中的应用能够有效提升医生阅片效率、降低漏检的概率。

风险预警

随着人工智能的发展，越来越多的算法模型在 ICU 得到运用，帮助临床医师根据患者实时信息做出最佳临床决策。人工智能可以将前面提到的电子病历自动批量转化为结构化数据库，机器学习和自然语言处理技术能自动抓取病历中的临床变量，再反复进行数据清洗、文字识别、自然语义解析，训练深度学习模型分析多个维度参数与患者发病的相关性和贡献度，挖掘患者行为、病史、基因与患者潜在的相关关系，生成预测模型。接着再结合患者自身特点和状况，给出治疗方案的风险预警，如手术并发症和用药副作用等，及早预测患者结局。

3. 辅助司法办案

上海刑事案件智能辅助办案系统是人工智能 + 司法的成功实践。上海刑事案件智能辅助办案系统（206 系统）是人工智能与司法深度融合的标杆，开创了人工智能在司法领域深度应用的先河，实现了人工智能在刑事司法应用0到1的突破。

“206系统”技术应用

实现司法现代化是一项复杂的系统工程，既要坚持以正确的方向、以先进的理念为指引，又必须要以现代科技为动力和支撑。“206系统”运用光学字符识别、自然语言处理、智能语音识别、要素提取、机器学习等人工智能新技术，为办案人员收集、固定证据提供指引，并实现对证据的判断、校验、把关、监督等功能。就此我们可以概括为：一是让机器学会识别证据。机器自动对证据类型进行识别，并自动归类到相应卷宗目录。二是让机器学会理解证据。基于机器对大量标注证据的学习和积累，机器能够自动对证据内容进行理解，抽取与查证事项相关的内容，提示证据中存在的瑕疵和证据之间的矛盾，及时提示给办案人员，由办案人员决定是否补正或者做出说明。三是让机器学会分析证据。比如在笔录问答聚类系统中，对于言词类证据自动进行语义分析，并对相似问答进行聚类。

上海刑事案件智能辅助办案系统开辟了我国利用人工智能进行案件梳理的先河，未来将人工智能发展纳入法治的轨道，运用法治思维和法治方法，引领、规范、促进、保障人工智能健康持续发展，将更好造福人类。

人工智能辅助决策的发展前景

2015年以来，人工智能在国内获得快速发展，国家相继出台一系列政策支持人工智能的发展，推动中国人工智能步入新阶段。

上海作为战略头部牵引地区，将人工智能视作重点发展的三大先导产业之一。2021年7月29日上海市发展和改革委员会关于印发《上海市促进城市数字化转型的若干政策措施》的通知，要求贯彻落实市委、市政府《关于全面推进城市数字化转型的意见》，着力消除制约上海数字化转型过程中的政策性门槛，为全面推进城市数字化转型提供制度保障。

我国人工智能市场将持续升温，市场规模将保持30%左右的年增长速度。2020年10月20日，《中国（上海）自由贸易试验区临港新片区集聚发展人工智能产业若干政策》对外发布，明确10大支持举措，面向关键技术源头创新、企业规模化发展、产学研深度融合等方面提供资金支持。未来，上海市也将加快建设上海“创新策源、应用示范、制度供给、人才积聚”人工智能高地；进一步汇聚各类资源、形成深度共识，培育有助于人工智能高质量发展的良好环境，打响“一流创新生态”品牌。

5 边缘计算与上海实践

边缘计算和云计算有什么区别

边缘计算是在靠近物或数据源头的网络边缘侧，构建融合网络、计算、存储、应用核心能力的分布式开放体系，形成新的生态模式，就近提供边缘智能服务，满足离散制造业在敏捷连接、实时业务、数据优化、应用智能、安全与隐私保护等方面的关键需求，从 OT 与 IT 跨界协作、推动信息流动和集成、实现知识的模型化以及开展端到端的产业各环节协作推动离散制造业的发展。“边缘”这个词在物联网的世界里被赋予了新的定义，特指在设备端的附近，所以根据字面定义，边缘计算即在设备端附近产生的计算。

为了帮助大家更好地理解边缘计算，我们要把边缘计算和云计算放在一起来给大家举个例子。大家可以首先用我们自己的身体来想象一下，在我们的身体中，进行所有行为判断和决策的是我们的大脑，那么大脑就可以被理解成我们人类的云计算，为了给我们的大脑提供足够的外界信息进行处理，我们有了眼、耳、鼻、舌等各种器官，这些器官自身也会有本能反应，也能进行一些行为动作，那么这些身体每一个部位就可以被理解成边缘计算。自然生物界中也有一个非常可爱的例子可以帮助大家更好地理解边缘计算和云计算。大家非常熟悉的章鱼，是自然界中智商最高的无脊椎动物，章鱼的高智商离不开它的两个强大的记忆系统，分别是章鱼的大脑和章鱼所有八个爪子上的吸盘，也就是说，章鱼的八条腿都可以思考并解决问题，边缘计算就是章鱼身上的八个爪子，由于它比大脑有更广泛的接触范围，每当危险产生，都是爪子第一时间接触到危险。对于我们老百姓的实际感受来讲，为什么我们现在用手机处理生活的事务变得那么快，为什么我们在上海的每一个角落都可以感受到便捷快速的城市服务，这些都是数字化转型给上海这座城市，给上海老百姓带来的巨大福利。

边缘计算在上海城市数字化转型中的产业应用

边缘计算在工业生产中有着非常广泛的应用，特别是在汽车制造和电子信息产业等方面。这些产业对高质量发展的需求特别强烈，对业务时延、隐私和安全等指标的要求非常高，整体作业呈现精细化、柔性化和智能化的发展趋势，这就不仅需要云计算的整体运筹，更需要边缘计算的本地实时决策职能。

1. 边缘计算在汽车制造中的产业应用

汽车作为现代重要的交通工具，对产品质量要求十分严格。按照汽车生产全生命周期来进行阶段划分，其对质量的要求主要体现在设计研发阶段和生产制造阶段。在设计研发阶段，汽车制造业平均超过 70% 以上的综合质量成本来自设计问题，例如零件安装的定位设计不合理等问题；在生产制造阶段，该过程主要来自边缘的现场制造端，与中心端有实际的隔离，为保证产品质量，需要对事前的人员、工装、物料等进行合规校验，对事中的工艺路线、数量进行实时防错管控，对事后的产品资料形成电子档案供多维度查询追溯。

因为汽车生产制造属于大批量离散制造，对于效率同样有较高的要求，例如生产效率、人均产值、设备稼动率、成品周转率、进/出货延误率等。而目前汽车生产制造效率主要受到三个方面的影响：（1）各产线生产完工计数靠人工统计，生产任务由人工布置，效率低下；（2）产线生产发生停线或其他影响生产故障等问题时，人工记录停线时长、停线原因；（3）产线各设备孤立，没有联网，设备、生产相关人员无法随时监控设备的运行状态。

围绕上述质量与效率的业务需求，在软件支撑层面，中心端与边缘端都是必不可少的，例如，某国内知名汽车公司其车间网络与信息中心网络由 7 层路由节点构成，即产线侧采集数据需要经过 7 个交换机才能到达中心，中心侧发出的控制指令也需要通过同样的路径长度才能到达产线侧，这种方案显然无法满足秒级的时延要求。为保证车间现场对生产效率与产品质量的管控要求，必须要借助边缘计算即时的数据处理能力，将数据传输节点由 7 层降为 1 层，才可以快速响应来自产线侧的物料防错与盘点、工艺路径与参数防错、硬件与机械防错等请求，从而快速给出判断指导生产执行；此外，边缘计算的优势还在于其可以大大缓解中心侧的计算压力，单就汽车制造企业而言，一台整车约由 2 万多个零部件组装而成，结合批量式生产制造，如果所有这些数据与逻辑处理请求都上传到中心端计算，则会造成中心负载压力繁重，资源损耗巨大等问题。综上，边缘计算是汽车制造企业提升效率与质量的有力支撑。

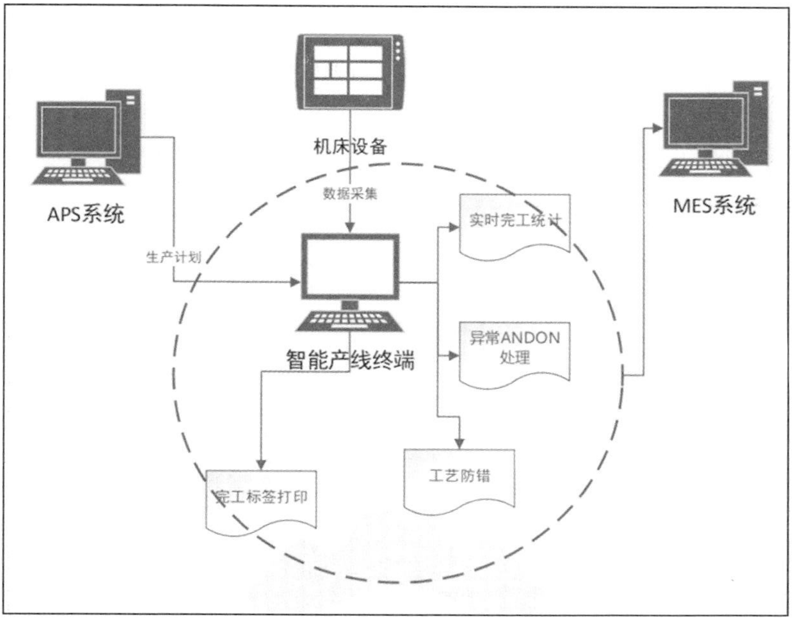

2. 边缘计算智能产线终端

边缘计算智能产线终端系统还实现了现场可监控、可追溯、可共享的目标，并实现了以下三个方面的效率提升：（1）实现任务自动下发和生产过程全记录，监控每小时生产情况，灵活调整生产任务，并自动统计生产数据供进行指标分析，提高生产效率；（2）打通管理层和车间设备层的数据通道，采集设备全面生产数据，利用数据分析不断优化产线工艺，提高生产效率，减少故障率等，全面提高生产车间的整体执行效率；（3）为企业构建生产信息化平台，扩大系统规模，分布式部署，集中式监控打下基石，提供有力的边缘数据支持和服务保障。

3. 边缘计算在电子制造中的产业应用

电子产品技术更新快，制造过程复杂，制造工艺和检验标准不一。所以电子制造行业注重生产设备的运转效率，对生产过程质量要求高，以满足客户对质量、交货期的严苛要求。同时，由于传统的电子行业的工厂在生产现场数据采集和数据分析利用方面存在着欠缺，在生产营运方面存在着许多不足，问题分析及成因主要表现在六个方面：（1）生产线自动化程度不高，存在大量的人工插件、手工焊接、离线自动光学检测等，成为产线效率提升和生产质量改进的瓶颈；（2）由于生产前端实时数据采集机制的欠缺，生产管理信息的传递大量依赖纸质文件、电子表格等传统方式，业务信息传递不畅通，无法做到信息流跟踪，生产实绩等数据实时透明共享；（3）数字化编码不完善，包括设备编码、原材料批次和包装编码、工装夹具等生产资源编码、产品部件编码等都不能完全满足数字化管理的要求，存在编码分类不完整、编码缺失等典型问题；（4）设备管理和维护流程不健全，未有效建立维护等级评价机制，缺乏完整的设备台账和设备状态监控机制，大部分设备没有联网和互通，设备运行状态、设备参数、设备异常报警信息没有自动化采集和集中存储，设备生产效率指标无法准确统计和计算；（5）由于缺少生产动态数据采集并与计划数据整合分析，使得生产计划协同方面存在欠缺，同时，边缘层数字化基础薄弱，生产过程管控能力不能满足未来数字化生产要求；（6）由于缺少仓储物流前端的实时感知和数据采集，仓储物流管理方面存在问题。

针对上述问题，边缘计算将原本完全由工业云实现的服务能力加以分解，切割成颗粒度更小的服务，分散到中心节点和多个边缘节点去处理，并通过工业互联网实现服务的协同。由于边缘节点更接近工业现场设备或数据源，可以减少传输延迟，加快处理速度，满足低时延的数据处理的要求，提高服务的确定性，提供具备高速响应性的高可靠服务，能够更好地支撑工业应用场景的实时控制与应用服务。

基于边缘计算的电子制造行业解决方案能显著提高生产效率，提升产品质量，实现产品、质量、物料和生产过程的全面追溯和可视化，节省人工成本 30% 以上，产品一次通过率提升到 99.5% 以上，年产能提升 2 倍以上。自动化生产线可实现生产节拍的自适应平衡调整，自动识别和测试产品，实现生产一次的自动筛选与报警，生产作业自动化率达 85% 以上，实现生产过程 100% 可追溯性。自动数采率可显著提高到90%以上，实现数据一次采集或录入，各处使用，实现生产报工、订单完工率等信息从生产现场秒级同步到上层信息系统，基本上可实现实时数据交互。

边缘计算与上海城市数字化建设

《2020上海市智慧城市发展水平评估报告》中评估结果显示，2020年上海市智慧城市发展水平指数为109.77，较上年提高3.91，七年以来保持持续增长。上海智慧城市建设成效显著，新一代信息基础设施建设和应用全面提速；智慧应用智能化、互联度进一步提高，公共服务更加普惠便捷智能。

上海智慧城市的建设离不开边缘智能、边缘协同、边缘能力的支撑；5G的发展会极大推动上海的“一网统管”，这也将极大促进边缘计算产业发展。作为全国“一网统管”建设的引领者，上海一直在积极探索城市数字化转型下的数字治理新理念与新方法。“城市管理应该像绣花一样精细”，那么这根绣花针就是要积极应用数字技术，做好城市最小管理单元的治理。

从安全性角度考虑，边缘计算中的数据仅在源数据设备和边缘设备之间交换，不再全部上传至云计算平台，防范了数据泄露的风险。从低延时、快速响应要求高的产业应用场景角度考虑，边缘计算类似于城市神经末梢，这项技术是城市最小管理单元治理的基础，将人工智能与分布在城市中的传感器结合，可以高效处理城市运营问题，例如黄浦江巡河场景下，利用边缘计算实时采集河湖动态信息，通过 AI 辅助进行监测数据处理，污染预警溯源；智慧路灯借助边缘计算实时监控路灯运行状态，辅助路灯开、关、亮度管理，本地化运营团队进行针对性维护，精准高效，在道路两侧路灯杆上安装传感器，收集城市路面信息，检测空气质量、光照强度、噪音水平等环境数据。

从智慧城市向数字化城市转型，边缘计算技术将一路伴随着上海城市发展向国际数字之都的迈进。

6 数字人民币与上海实践

2021年6月，上海市通过抽签形式向上海市民发放35万份数字人民币红包，每份55元，拉开了“数字人民币、五五欢乐购”活动的帷幕。随着试点的不断铺开，加上网络对数字货币概念的普及，很多老百姓早有耳闻，甚至已经率先使用上了“数字人民币”。不过，还有些基础性概念和问题大家可能未必清楚，比如，数字人民币是法定货币吗？什么是软钱包和硬钱包？用数字人民币支付和支付宝、微信、零钱支付有何差异？推广数字人民币可以和人民币国际化画等号么？

数字人民币与实物人民币都是法定货币

作为数字形式的法定货币，按照国际使用惯例，数字人民币字母缩写暂定为“e-CNY”，它由中国人民银行发行，由指定运营机构参与运营并向公众兑换，以广义账户体系为基础，支持银行账户松耦合功能，与实物人民币等价，具有价值特征和法偿性。

2020年，中国人民银行已完成了数字人民币的顶层设计、标准制定、功能研发、联调测试等基础工作，并于同年10月起草了《中华人民共和国中国人民银行法（修订草案征求意见稿）》，向社会公开征求意见。该意见稿指出，人民币包括实物形式和数字形式，旨在为发行数字货币提供法律依据。

数字人民币具备货币的价值尺度、交易媒介、价值贮藏等基本功能，与实物人民币一样是法定货币。数字人民币是法定货币的数字形式，以数字形式实现价值转移。数字人民币主要定位于现金类支付凭证（M0），是一种零售型央行数字货币，目前主要用于满足国内零售支付需求。数字人民币设计兼顾实物人民币和电子支付工具的优势，既具有实物人民币的支付即结算、匿名性（可控匿名）等特点，又具有电子支付工具成本低、便携性强、效率高、不易伪造等特点。

数字人民币的投放方式与实物人民币基本一致，采用双层运营模式，人民银行负责数字人民币发行、注销、跨机构互联互通和钱包生态管理，并择优选择商业银行作为运营机构。被指定的运营机构则在人民银行的额度管理下，根据客户身份识别强度为其开立不同类别的数字人民币钱包，进行数字人民币兑出兑回服务。同时，指定运营机构与相关商业机构一起，承担数字人民币的流通服务并负责零售环节管理，实现数字人民币安全高效运行，包括支付产品设计创新、系统开发、场景拓展、市场推广、业务处理及运维等服务。

从形式上看，数字人民币具有一定的潜在好处。一是可以节省现金发行和流通的成本。尤其在偏远辽阔的地区和境外支付时，不需要携带大量现金，同时还可以防止出现假币。二是强化支付系统的公共属性，推进普惠金融。数字人民币为公众提供安全性高、流动性好的支付工具，而且它可以不再需要银行账户，甚至不再需要银行作为中介。三是可以为数字资产交易提供端对端的支付工具。在未来的数字资产市场中，运用智能合约和秘钥技术，就可以按照约定的商业条款和适用的法律自动执行价值的转移。

数字钱包简单易用，有助于弥合“数字鸿沟”

数字人民币依然需要数字钱包作为载体来触达用户和媒介，我们手机上下载的移动终端 APP 属于软钱包，APP 名称就叫“数字人民币”，由指定运营机构采用共建、共享方式，通过软件开发工具包（SDK）打造，通过应用程序接口（API）等为用户提供服务。

“数字人民币”这款 APP 使用非常简单，任意选择一家运营银行开通并添加数字钱包后，就会出现数字人民币的页面。上滑付款和下滑收款后分别现实对应的付款码和收款码，也可以扫码支付。在钱包管理中可以通过银行账户给钱包充值，也可以将数字人民币存回银行账户。所有交易记录记载得清清楚楚、明明白白。在试点期间开通数字钱包还会收到商户的红包，采用了数字人民币智能合约技术。

硬钱包基于安全芯片等技术实现数字人民币相关功能，依托IC卡、手机终端、可穿戴设备、物联网设备等为用户提供服务。硬钱包备受瞩目的功能就是“双离线”功能。此前，上海同仁医院试点的可视卡硬钱包，就实现了“双离线”支付。体验者会觉得非常神奇，在没有网络的情况下，付款钱包按下要付款的金额，通过近场通信发给收款钱包，这笔交易已经完成。这让数字人民币使用具有普惠性，可以满足不同用户差异化需求，避免因“数字鸿沟”带来的使用障碍。

数字人民币和支付宝、微信零钱并不相同

从支付角度，老百姓会觉得支付宝、微信零钱已经很方便了，这时候又来一个数字人民币，是不是人民银行发行的电子钱包？其实，数字人民币和支付宝、微信零钱这样的第三方支付工具完全不同，数字人民币本体即是一组密码学密钥，这组密码即代表这个货币本身。而第三方支付无法脱离账户而独立存在，你看到的余额是从银行账户转存到第三方支付账户的存款。

通俗来讲，数字人民币是“钱”，而支付宝、微信零钱是“钱包”，两者不在同一维度。数字人民币也有其他支付方式不可比拟的优势。

首先，是安全性。安全本身具有两层含义，一层是会不会因为被窃取或篡改而遭受损失？另一层是从个人隐私角度交易是否如同实物人民币一样具有匿名性？数字人民币综合使用数字证书体系、数字签名、安全加密存储等技术，实现不可重复花费、不可非法复制伪造、交易不可篡改及抗抵赖等特性，并已初步建成多层次安全防护体系，保障数字人民币全生命周期安全和风险可控。

数字人民币遵循“小额匿名、大额依法可溯”的原则，高度重视个人信息与隐私保护，充分考虑现有电子支付体系下业务风险特征及信息处理逻辑，满足公众对小额匿名支付服务需求。同时，为防范数字人民币被用于电信诈骗、网络赌博、洗钱、逃税等违法犯罪行为，确保相关交易遵守反洗钱、反恐怖融资等要求，对于大额交易依法可追溯。相比较而言，数字人民币体系收集的交易信息远少于其他电子支付模式，除法律法规有明确规定外，交易信息不会提供给第三方或其他政府部门。

其次，是互联性。虽然微信、支付宝等第三方支付平台的广泛应用为公众带来了极佳的支付体验与便捷性，但由于这些支付平台之间的互联性并不高，人们在支付时仍需在不同的平台 APP 之间进行选择。而数字人民币则有助于促进不同支付产品之间的互联互通，可以进一步提升公众的支付体验，提高支付效率和支付安全性。

再次，是创新性。数字人民币作为数字形态的法定货币，本身具有可编程性，这也是其他支付方式所不具备的。通过加载不影响货币功能的智能合约实现可编程性，可根据交易双方商定的条件、规则进行自动支付交易，促进了业务模式创新。试点期间，商家发放给用户的数字人民币红包可以指定场景使用，到期后不使用还可回收。

数字人民币最终会改变现有的支付习惯

公众可能会担心，如果使用数字人民币，未来是不是不能使用纸币了呢？其实，随着电子支付的普及应用，城市居民现在已经很少带现金出门了，走哪都可以扫码支付，数字人民币的到来会更快速推进无现金社会建成。当然，我国地域广阔、人口众多，不同的支付习惯、年龄结构和对安全性的要求决定了数字人民币将与实物人民币长期并存，只要有需求，人民银行就不会停止实物人民币供应。

相对于支付宝、微信已经培育出良好的线上、线下支付渠道，数字人民币现有大部分使用场景与其重合。余额宝、零钱通账户通过投资货币基金带来间接收益，而数字人民币不计付利息，对付款人吸引力不强。不过，“交易即支付”的特征也决定收款人没有手续费支出，这又对现有支付行业形成一定冲击。

人民银行在《中国数字人民币的研发进展白皮书》提到，截至2021年6月30日，数字人民币试点场景已超132万个，覆盖生活缴费、餐饮服务、交通出行、购物消费、政务服务等领域。开立个人钱包2 087万余个、对公钱包351万余个，累计交易笔数7 075万余笔、金额约345亿元。这相对于年支付交易规模已经超过500万亿的第三方支付差距不是一个数量级。未来，数字人民币能否取代现在电子支付工具而成为主要的支付工具取决于市场抉择的过程。影响市场抉择的因素主要为是否会更加便捷，流通成本是否会更低，大众是否更乐意接受。

上海作为国际金融中心，金融数字化转型步伐不断加快，金融科技应用水平也在不断提升，数字化人才培养也遥遥领先。上海完全有能力迎接新挑战，不断丰富数字人民币应用场景，探索数字人民币应用模式创新，促进与“3+6”产业数字化应用场景的深度融合。

7 数字金融给消费者带来哪些新体验

数字金融泛指金融机构利用数字化技术实现融资、支付、投资和其他新型金融业务的模式。数字金融、互联网金融和金融科技内涵较为接近，经常被混用。互联网金融更多地被看作金融机构利用互联网平台和技术从事金融业务，金融机构则包括传统金融机构和新兴互联网金融机构。金融科技则更突出技术特性，数字金融则更加中性，所涵盖的面也更广泛，强调金融业务数字化形态。

数字金融：正通过数字化改变金融服务的竞争格局

在数字化时代，数字金融是通过互联网与信息技术手段与传统金融服务业态相结合的新一代金融服务。数字金融服务提供者不再局限于传统的金融机构，也包括了移动网络运营商、云服务提供商、支付服务提供商、金融科技公司、虚拟银行和超级平台等金融服务的新进入者，他们正利用这些数字化技术改变金融服务的竞争格局。

数字金融本质是通过数字化技术给金融服务使用者带来全新的金融服务体验，无论是支付还是借贷，金融消费者都会觉得比以往更加便捷高效。数字金融为众多的小微企业和个人创业者提供了前所未有的融资渠道，让其体验到更丰富的金融产品和更便捷的金融服务。反过来，金融消费者在数字空间中进行商业活动和金融行为产生的数据足迹，为征信机构开展信用评级与评分、推进基于信用评价的产品创新等奠定了坚实的基础。通过技术创新，数字金融服务还可以促进其他各种金融服务的交叉应用。

网上支付、移动支付、消费金融、网上存款、网上贷款、网上保险、网上基金属于常见的数字化技术在金融领域的应用，除此之外，个人和企业征信、供应链金融、跨境支付、智能投顾、监管科技、反洗钱、个人信息保护等领域，都可以纳入数字金融范围。

数字支付：让我们提前进入“无现金”社会

不知道您多久口袋里没有揣钱了，当我们习惯通过微信支付、支付宝和银联钱包支付时，已很难再回到使用人民币支付找零的年代。数字支付便利化得益于银行账户的电子化，基于银行账户的银行卡是支付领域较早的应用，借记卡、信用卡帮助消费者实现了各种场景中的支付便利化。全球的金融机构利用信息技术，依托遍布全球的计算机和通信网络构建了支付网络，形成 Visa、万事达、中国银联这样的银行卡清算组织。银行卡支付具备电子资金转账、

ATM 转账、POS 机支付和快捷支付等收单、交易和结算功能。

随着数字化技术更新迭代，第三方支付服务提供商（Third-Party Service Provider，TPSP）通过二维码支付改造了快捷支付，突破了银行卡支付的卡介质的物理限制，本质上实现了一个交易码既可提供交易撮合服务，又依托电子商务平台的先行赔付机制实现了电商和 TPSP 的业务整合。正是得益于数字化技术搭建了银行账户、第三方支付账户和公募基金之间的高速通道，实现“存”“取”“付”的无缝连接，我国的移动支付快速增长，规模位居世界前列。

如今，数字人民币研发试验已基本完成顶层设计、功能研发、系统调试等工作，并在多个城市开展了试点工作。上海市普陀区万里街道的中环花苑小区 4 月 17 日就开始数字人民币应用试点，利用数字人民币，小区居民们可以支付物业费、停车费，能在小区快递驿站支付寄件费用，还可以在周边商铺买菜。随着数字人民币全面推开，未来使用场景会更加丰富。

在疫情的影响下，跨境电商高速增长，消费行为逐步转向线上，跨境电商已成为企业开展国际贸易的首选，也成为外贸发展中的一支重要力量。跨境电商逐渐吸引了国内众多卖家和企业，他们迫切需要跨境支付平台。

数字征信：人人都需要一张“经济身份证”

信用是用来维护人与人之间合作关系的基础，而信用报告其实就是一份记录你在过往的时间段内工作、生活、经济关系的账单。在这份账单里，你会看到五大类基本信息。第一，会有你的个人身份信息用于识别这份报告代表的是你的信息。第二，就是你过去借贷资金的信息，比如信用卡、房贷、车贷这些信息。第三，就是你的一些其他缴费行为信息，比如电话费、电费、水费等账单的缴费记录。第四，就是你在公共行政机构留下的信息，比如社保缴费记录、法院和交税记录等。第五，还有一项是非常重要却很容易被忽略的信息，这就是过去两年都有哪些人申请看过你的信用报告。

通过以上这些信息，就可以对你的个人信用记录有一个快速而全面的掌握。由于每个人每天都在产生大量的社会经济活动，因此你的信用报告其实也每天在更新，这就需要耗费大量的人力物力去收集、存储、更新、加工和展示这些每天不断被更新的数据。

那么这个“经济身份证”到底对我们的个人生活会有什么实质影响呢？总体而言，个人信用报告有四大核心价值。第一，让每一个消费者在信息市场获得公平待遇。如果没有信用报告，市场上就会出现很多造假和诈骗行为，他们通过伪造优良的个人背景信息与资产证明，就可以轻易向金融机构获得大批贷款，这对其他诚实守信的人而已就是一个巨大的不公平。第二，贷款利息优惠。如果没有个人信用报告，金融机构就会因为对你不熟悉，不了解而不敢给予你充足的资金支持。而让银行自己对每一个客户做调查，那么这个时间周期与成本将是银行与客户都无法承担的。因此，通过一份大家都认可的个人信用报告，金融机构可以在最短的时间内就对你有充分的了解，并基于这些信息给予更加符合你需求的信贷服务。第三，披露当事人违约的记录。通过一份完整的个人信用报告，报告当事人在过去5年内的违约、赖账、不诚实行为均会被记录在案。通过这样的方式，一方面可以对企图违约的人起到有效的震慑作用，大大减少经济犯罪，优化城市治理环境；另一方面，调取个人信用报告的机构也可以直观了解你在过去的守信行为，以便判断你如何管理你现有的贷款业务，以及未来新的信贷需求。第四，避免过度借贷。借款者会同时向好几个放贷款机构申请信贷，并且经常能从多个贷款机构那里获得贷款。但如果过度借贷，不但会放大多个贷款机构互相之间由于借贷信息不透明而造成贷款机构的风险，也会使得借款者短期内债台高筑无力还款，最终给自身、家庭、贷款机构和社会都带来大量风险。

在很多新兴国家，由于金融服务开展较晚，很多消费者和小微企业主都存在信用记录缺失或信用记录较“薄”的问题，在征信系统中会出现“白户”，即从未使用过银行的信贷产品的客户，这使得传统的信用评分模型难以运用。随着数字经济的快速发展，互联网和大数据等新技术在征信领域广泛应用，大量有效“替代数据”（借贷信息以外的用于判断企业或个人征信的数据）被采集、分析和应用于判断企业和个人信用状况，征信已突破传统借贷信息共享的范围。我们熟悉的芝麻信用就是通过守约记录、行为积累、身份证明、资产证明和人脉关系五个维度量化出芝麻分数，应用于消费金融场景之中，为互联网贷款提供自动化的辅助风险决策。

在 2021 年 9 月末《征信业务管理办法》发布之时，已有 2 家市场化个人征信机构和 132 家企业征信机构。将征信替代数据应用纳入监管，并强调从事征信业务需取得合法资质，可有效解决“无证驾驶”的问题，将原先游离于监管之外的新兴征信活动纳入法治监管的轨道，促进市场公平，维护国家金融稳定和金融安全。

消费金融：改变我们消费习惯，促进消费升级

疫情防控期间，人们普遍居家隔离，线上服务需求爆发式增长，线上办公、在线游戏、线上教育培训等行业需求激增。诸多新的消费场景不断涌现，如电商直播、“云购物”、在线教育、在线医疗、智慧旅游等。随着数字经济的快速发展以及数字金融的广泛普及，数字经济和数字金融已经改变消费模式和消费习惯，推动了居民消费升级，缩小了城乡居民消费差距，成为推动我国经济高质量发展新的驱动力。

如今，老百姓已经不满足于国内购物，“海淘”代表了时尚与潮流。而随着中国疫情逐渐得到稳定控制，我国跨境电商出口金额将会进一步扩大。

消费金融和金融科技联系密切，是金融科技的最重要应用场景，市场对消费金融的需求推动了金融科技的发展，越来越多的金融科技应用于消费金融领域。人脸识别和反欺诈模型的应用，加强了对从未谋面客户的身份识别；授信预审批模型通过对征信数据的

调用开展大数据风控，将合适的金融产品和授信额度推荐给金融消费者；智能机器人则可以实现全自动、无人化的客户营销和售后服务。这让商业银行的营销方式变得更加灵活、高效而且精准，银行从原来的“朝南坐”，转变为以客户为中心的服务机构。

银行运用互联网和移动通信等信息通信技术，基于风险数据和风险模型进行交叉验证和风险管理，线上自动受理贷款申请及开展风险评估，并完成授信审批、合同签订、贷款支付、贷后管理等核心业务环节操作，为符合条件的借款人提供用于消费、日常生产经营周转等的个人贷款和流动资金贷款，这被称为“互联网贷款”。互联网贷款有两种常见模式，一是由银行作为主要资金提供方，合作机构提供技术与少量资金的联合贷模式，同时为银行信贷资金提供增信担保；另一种则是由银行提供全部资金，合作机构提供获客、风控与技术的助贷模式。合作机构多数为金融科技公司，他们为银行互联网贷款业务提供营销获客、客户筛选、部分风险评价服务。

怕航班延误顺手买个延误险，怕账户被盗买个防盗险，怕得大病买个重疾险……互联网保险在我们生活中的运用如今也越来越普遍。保险机构依托互联网和移动通信等技术，通过自营网络平台、第三方网络平台等订立保险合同、提供保险服务的业务。相比于传统保险，互联网保险使客户有更多自主选择，保费透明，权益清晰明了，使得退保率大幅度降低。互联网保险在让投保更简单的同时，理赔也更轻松，通过手机拍照取证、电子签名、电子转账等移动互联方式，即可轻松获得赔付。

8 上海高端装备制造有哪“三高”

高端装备的“三高”

高端装备制造业，也称为先进装备制造业，是指装备制造业的高端领域，具体表现为“三高”：第一，技术含量高，知识与技术密集；第二，附加值高，位于价值链高端；第三，位置高，占据产业链的核心位置，其发展水平决定产业链的整体竞争力。按照国家统计局发布的《战略性新兴产业分类（2018）》，高端装备制造业主要包括航空产业、卫星及应用产业、轨道交通装备产业、海洋工程装备产业以及智能制造装备产业五个细分领域。高端装备制造业是整个装备制造业的核心，高端装备的制造能力集中体现一个国家的硬实力和综合国力。

当前我国已经是世界第一制造业大国，拥有联合国产业分类中全部工业门类。我国的高端装备制造业虽然发展迅速，但在很多领域，却依然面临“卡脖子”的问题，很多高端装备制造的核心技术或关键零部件依然受制于国外厂商。一个典型的例子是“工业母机”，“工业母机”即数控机床，尤其是中高档机床。中国的高档机床长期依赖进口，即便购买后，机床的安装地点和使用人员也受到国外厂家的严格限制，不能擅自挪动，不能改变加工用途；更有甚者，成本3万元的零部件，进口价格竟然高达70万元，在国产化之前，我们没有第二选择。再例如，现在大家经常听到的“光刻机”，光刻机是芯片制造中最重要最关键的一种设备，目前国产光刻机仍然处于90 nm的水平，而全球最先进的EUV光刻机已经达到7 nm的水平，业内的一种说法是“我们的差距大概是20年”。

诞生于上海的国之重器

长期以来，在普通大众的印象中，上海的标志是金融中心、经济中心、贸易中心。但是，很多人却不知道，以“造装备、尤其是造高端装备”为核心的制造业，依然是上海经济的根基所在。

历史上，上海是中国的工业重镇，诞生过新中国工业史上多个第一，例如20世纪六七十年代的老三件——上海牌手表、永久牌自行车、蝴蝶牌缝纫机。而今天，在全球高端装备制造话语权的争夺战中，上海仍然承担着我国从制造业大国到制造业强国华丽转身的历史责任。

为了鼓励上海高端装备制造业的快速发展，国家和地方层面都出台了一系列的政策，目的就是为上海高端装备制造业营造良好的政策环境。在政策鼓励下，上海高端装备制造业的生产规模呈现出逐年上升的趋势。一个个国之重器也陆续诞生于上海，例如已构筑起中国自主三代核电“华龙一号”反应堆；承载着几代中国人梦想的大飞机 C919；中国第一艘中外联合设计、自主建造的极地科考破冰船“雪龙 2 号”；以及有“制造业皇冠上的明珠”之美誉的超大型燃气轮机等。

需要明确的是，今天的“上海制造”并不意味着完全由“上海企业制造”，而是在制造业价值链优化分工的基础上通力合作的结果。上海高端制造业正在与上海周边地区、长三角地区的制造业联动、协同发展，已经逐渐形成一个个比较明显的产业集聚区。其中比较典型的包括长兴岛的海洋装备产业园区；以金桥、康桥、临港等工业园区，上海机器人产业园，上海智能制造生产性服务业功能区等为代表的智能制造装备产业集群；以上海自贸试验区临港新片区大飞机产业园和上海青浦民用航空产业园为代表的航空装备产业集群；中国北车集团公司与上海电气携手打造的上海轨道交通装备制造维修产业基地等。

“高端制造”是上海制造业整体水平的一个标志，也是上海制造业整体实力的反映。

自主创新与科技攻关是方向，上海再出发

上海高端装备制造业虽然在全国处于较为领先的地位，但在局部领域依然缺乏关键核心技术，部分关键零部件的供给依然依赖进口。一个典型的例子是，“十三五”以来，上海的机器人产业发展迅速，目前上海制造的机器人已经占据了全国 40% 的市场份额，上

海也成为全国最大的机器人制造基地。但是，机器人生产中必需的关键零部件，例如高精密减速器、高性能控制器、传感器和末端执行器等仍需从国外采购。我们要强化高端产业引领功能，特别在生物医药、高端装备、航空航天、先进材料等产业，只有通过万物互联、数据驱动、软件定义、平台赋能为代表的数字化转型，才能更好迈向产业链、创新链、价值高段链、工业 4.0 的灯塔工厂是数字化转型的重要方向和目标，目前全球 69 家灯塔工厂，中国有 21 家，上海企业下属的有两家。

上海高端装备制造需要集中资源，通过自主创新和科技攻关，在一批“卡脖子”的关键核心技术领域和关键零部件国产化替代方面取得突破。另一方面，上海高端装备制造业也要加速与数字经济的深度融合，通过万物互联、数据驱动、软件定义、平台赋能等为代表的数字化转型，提升“上海制造”品牌的数字化竞争力，迈向产业链、价值链、创新链的高端。

高端装备制造，上海再出发。

9 在线新经济与上海实践

在线新经济是指借助互联网、人工智能、5G、大数据、区块链等智能交互技术，与现代生产制造、商务金融、文娱消费、教育健康和流通出行等深度融合，具有在线、智能、交互特征的新业态与新模式。在此背景下，数字新基建的“链接”功能更加重要，因为数据本没有价值，只有连接、流通、运算后，才有利用的价值，而且数据必须是永远是在线的，在线不等于上网，只有实时在线才能产生管用的数据。因而基于超级链接、超级存储、超级算力、超级终端的新业态与新模式展现出了强大的成长空间，正在深刻变革生产生活方式，带来生产能力和生产效率的革命性提升，推动经济社会向在线全面转型。

在线新经济的前身今世

在线新经济的前身“互联网+”可以追溯到2014年11月，李克强在出席首届世界互联网大会时指出，互联网是大众创业、万众创新的新工具。其中“大众创业、万众创新”成为2015年《政府工作报告》中的重要主题，被称作中国经济提质增效升级的“新引擎”，“互联网 +”行动计划的主要任务，就是利用以互联网为代表的新一代数字技术，为中国经济提质转型、升级发展提供新动能，也为数字新经济的稳步发展奠定基础。

目前，在线新经济已在上海市经济发展中占据主导地位，GDP占比已超过 50%，大量“新基建”企业也为上海数字经济发展提供了支持和保障。上海市人民政府发布的《上海市促进在线新经济发展行动方案（2020—2022 年）》指出，到 2022 年末，上海将打造成具有国际影响力、国内领先的在线新经济发展高地，围绕重点领域打造四个“100+”，包括集聚“100+”创新型企业：加快培育 100 家以上掌握核心技术、拥有自主知识产权、具有国际竞争力的高成长性创新企业，聚焦支持 10 家左右创新型头部企业和领军企业发展；推出“100+”应用场景：推出示范效应好、带动作用强、市场影响优的在线新经济应用场景，进一步集聚用户流量，带动新产业发展；打造“100+”品牌产品：打造美誉度高、创新性强的在线新经济品牌产品和服务，推动一批新产品先行先试，加快创新产品市场化和产业化，不断推陈出新、迭代升级；突破“100+”关键技术：创建一批研发与转化功能型平台，人工智能、5G、互联网、大数据、区块链等领域的技术创新成果不断涌现，产业核心竞争力显著增强。

上海正式启动建设“在线新经济”世界级创新地标

为加快打造在线新经济发展高地，更加紧密地联动经济、生活、治理三个领域的数字化转型，上海市政府积极引导各行业各领域数字化转型向纵深推进：加快推动经济数字化重点工作，围绕“在线新经济”，聚焦长阳秀带、张江在线，推出灵活就业、人才居住、企业引育、投资联动等在线新经济专项政策；围绕“工赋上海”，研究十大行业“一业一策”，推进工业互联网标识解析国家顶级节点（上海）扩容增能工程（接入二级节点 29 个，标识注册量约 85 亿），打造长三角区域一体化工业互联网公共服务平台，建成运营长三角 G60 工业互联网创新应用体验中心；围绕“金融科技”，大数据普惠金融应用 2.0 项目参与单位从 18 家银行扩大到 33 家金融机构，数据开放从 380 余项扩展到 1 000 余项；金融科技应用上线 23 个试点项目，并推出 16 个金融科技创新监管试点项目；数字人民币在涉农补贴发放、硬钱包支付以及长三角跨区域支付等方面创新应用场景；围绕“商务便利”，细化完善长三角国际贸易“单一窗口”合作共建技术方案，建设数字贸易交易促进平台，改进提升跨境结算便利化功能；围绕“科创赋能”，启动建设“科技人才数字化转型”“张江国际脑库”“基于人工智能的糖尿病并发症筛查诊断与管理”“长三角科技资源共享数字化转型”“智慧情报”“智慧型技术交易所”等 6 大示范项目；围绕“国际数据港”，发布国内首个《关于试点开展数据跨境流动工作的通知》《促进智能网联汽车和车联网数据跨境流动操作指引（试行）》和配套正面清单等文件，建设国际互联网数据专用通道，这些举措标志着上海正式启动建设以“在线新经济”为特色的世界级创新地标，成为在线新经济的产业首选地、人才蓄水池、业态创新炉、集成应用场、制度先行地。

目前，在线新经济已渗透到当下生产生活的方方面面，一批新业态、新模式不断涌现。在数字化转型的浪潮中，每个行业都在摸索自己的路径，通过用户和销售的数据来驱动产品开发，再用数字化的平台融合生产和零售，让一家家传统的零售企业焕发新生。在线成为未来产业发展的基本逻辑，在线新经济也成为企业竞争的“新赛道”。以 5G+AI+ 产业互联网为代表的“链接”能够最大限度地释放杠杆效应，也将成为产业投资的“新风口”。在线新经济既包含传统经济依托信息技术进行数字化的存量转移，也涵盖技术升级，因为它打破了产业发展边界和壁垒，使得产业价值链重构，驱动产业经济的创新升级。受新冠肺炎疫情“黑天鹅”效应倒逼，数字技术与各行业加速融合，以无人工厂、在线教育、远程办公、无人超市、在线医疗、生鲜电商为代表的新业态新模式持续迭代、加速成熟，“无接触”“宅生活”“云消费”成为数字生存新常态，正适应、引领、创造我国经济转型发展新需求，为现代化经济体系建设注入新的活力。

在线新经济的六类典型新场景

1. 无人工厂：优化传统劳动力，打造生产过程的“无人”变革

随着经济全球化的快速发展，作为国民经济主体的制造业，转型升级成为必然。目前，传统制造业已经迎来了“变革”，无人工厂是大势所趋，也是制造业转型升级的方向，未来的制造业也会更

加自动化、智能化。“无人工厂”利用技术和自动化装备，让机器取代人工，从而能够提高生产效率，并且有效降低人工成本。我国已进入智能制造高速成长期，中国工业企业在部署智能制造中，部署重点为数字化工厂、设备及用户价值深挖、工业物联网、重构生态及商业模式和人工智能。其中，数字工厂被企业列为智能制造部署的首要任务。作为无人工厂重要的生产设备，工业机器人需求持续旺盛。工业互联网将成为无人工厂实现“无人”制造的关键基础设施，未来将实现高速发展。

2. 在线教育：教、学、测、练、评全链条数字化改造

在线教育指一种基于网络的学习行为。近年来，我国在线教育行业发展迅猛，疫情为在线教育行业按下“快进键”。在线教育的几大优势包括：通过人工智能、大数据、云计算等技术，以及超大规模题库、智能备课、互动直播、线上测评、辅导老师工作台等系统平台的集成应用，让教、学、测、练、评全链条数字化改造成为现实，减轻了学校教学和家长辅导负担；突破空间限制，学员足不出户就能上课；学习时间可控，可让优质教育资源普惠；受惠于互联网的规模效应，同类产品中在线教育课程价格比线下形式更便宜。然而，教育行业本身是一个发展相对较慢的行业，资本的力量在推动整个在线教育行业快速迭代的同时，也将在线教育行业推向了企业竞争加剧、获客成本高企、行业内耗严重的困境。

3. 远程办公：共享沟通，远程、异地、移动的办公新模式

远程办公软件具有“开发端融合、应用端耦合”的发展特征，从而帮助实现工作的远程化与协同化。在开发端，企业积极引用大数据、人工智能等新兴信息技术搭建开发环境。在应用端，企业基于传统的平台产品和新一代信息技术产品，推动功能深度耦合集成，通过打通工作流，实现未来数据的集成、业务系统的连接和企业管理的渗透。然而，远程办公软件也存在着诸多隐患：企业办公涉及大量文档、数据的共享与交换，由于加密手段、保密方式等数据安全保护手段不足，导致企业在通过网络使用企业网盘、协同文档处理软件等的时候，容易遭受远程控制、文件窃取、病毒入侵、数据泄露等，从而导致企业隐私数据以及资产安全将遭受严重威胁。此外，由于各个企业之间的组织文化、管理模式、协作流程的不同，远程办公软件在针对性与实用性方面也存在较多可改善之处。

4. 无人超市：百花齐绽，应用场景不断完善

无人零售是无人经济中较为成熟的一个领域，最早以自动贩卖机的形式出现，随着技术的进步无人零售发展迅速，覆盖的品类越来越多，呈百花齐绽态势。其中，无人超市 / 便利店、无人货架 / 货柜、自助售货机是目前主要的表现形式。因为传统零售业属于劳动密集型行业，人力成本较高，在门店运营成本高企的情况下，零售商更愿意在技术上加大投入，积极推进数字化转型。无现金支付对无人零售发展有着非常大的推动作用。得益于移动支付、微支付、非接触式终端等支付技术的出现，我国无现金支付发展迅速。

此外，人工智能、大数据、机器人、机械臂等新型技术与装备的出现，让零售业可以选择通过“无人”来替代零售基础岗位工作。未来，无人零售将持续发展，参与者及业务领域也将更加多元化。

5. 在线医疗：优化资源配置、实现互联网医疗技术共享

在线医疗作为一种新型医疗健康服务业态，以互联网为载体，以医疗资源汇聚为手段，以医疗服务在线化、便捷化为特色，代表了医疗行业发展新方向。长期以来，我国医疗资源分配不合理导致百姓看病难、看病贵等问题层出不穷。新一代信息技术在医疗行业的快速融合应用，有效缩减了服务时间与空间距离，在促进医疗资源下沉、医疗信息共享、医疗服务协同等方面发挥了积极作用，推动“基层首诊、双向转诊、急慢分治、上下联动”的分级诊疗模式加速建立，促使“小病在基层，大病进医院，康复回基层”的就医格局初步形成。在刚性需求增多和新冠肺炎疫情暴发的刺激下，互联网医疗实现规模化增长，并与大数据、人工智能等新一代信息技术深度融合，呈现出“智能 +”的新特征。未来，在线医疗行业将进一步增强数据资源开放共享，有效破除医院、研究机构、医药厂商、主管部门之间的信息壁垒，加强数据价值的多层次挖掘分析，创建“互联网 + 健康”的新服务体系。

6. 生鲜电商：模式百花齐放，便利到家

生鲜电商指用电子商务的手段在互联网上直接销售生鲜类产品，如新鲜水果、蔬菜、生鲜肉类等。生鲜具有高频刚需的特点，

是具有即时性需求的非标品，作为民生消费的刚需行业，生鲜零售行业规模有着万亿级别的市场体量。从生鲜零售渠道来看，超市、菜市场等线下零售渠道是主要的生鲜零售渠道，虽然中国生鲜线上渗透率仍然较低，但增速迅猛。2020 年，疫情影响下“宅经济”火爆，生鲜电商迎来爆发式增长，主要形成了五类模式：传统生鲜电商、“到家”模式生鲜电商、“到店 + 到家”模式生鲜电商、社区团购模式生鲜电商和“到柜”模式生鲜电商。生鲜电商作为电商品类中的后起之秀，目前已经进入经济模型优化与规模增长并重的阶段，未来生鲜电商有望探索出更侧重于可持续发展的经济模型。

10 从上海实践看数据驱动如何助力城市运营

数字赋能城市运营成效卓越

国内首个“实时、动态、鲜活”的超大城市运行数字体征系统——上海城市运行数字体征 1.0 版，于 2021 年 6 月 15 日上线，这是 2021 年上海推进城市数字化转型过程中，各部门及社会大数据资源进一步向数据底座汇聚形成的新成果。该系统将通过物联设备前端感知、云计算、大数据三项技术赋能超大城市精细化管理，并首次使用可视化大屏将“城市数字体征”的概念具象化，对城市生命体进行“24 小时 ×365 天”的“全时智慧体检”。上海城市运行“一网统管”“三级平台、五级应用”的逻辑架构基本形成，建立市、区、街道三级城运中心，实现“高效处置一件事”。城市有了数据和技术，并不等于就有了智慧，并不等于就有了生命。城市是一个“有机体”，要推动一个智慧城市变成智慧的“城市生命体”，需要洞察整座城市的全时运行情况。

比如，大家都知道上海拥有全世界规模最大的城市地铁路网，申通地铁为了全世界最为忙碌的地铁网络和系统的运营安全，大量运用云、大数据、物联网等新技术着重打造集团云，有效融合出行场景，实现智慧升级。从而实现降低运行成本、提高工作效率、提升服务水平的核心诉求。通过数据驱动运营，申通地铁在安全质量、成本效益、能力效率、乘客服务水平等方面均实现了显著的提升。通过数字化和信息化，乘客变成地铁体系中的信息数据元素，可以与其他数据元素互动，提升乘客服务水平和地铁运营水平。因此，数据驱动体现在我们生活的方方面面，通过先进的IT技术和人工智能对企业的数据资产进行有效和充分的利用，其目的是从数据中获得有价值的“洞见”，以指导人们作出更加科学的决策和更加有效的行动。

数据驱动如何助力城市运营

1. 城市透明化运营的挑战

在如今智慧城市运营的过程中，城市管理相关的数据、应用、部门职责缺乏整合，难以发挥智慧城市整体效益，市民难以感受到智慧城市建设成果。其中，上海全面数字化布局过程中面临的最大挑战便是孤岛效应，而这种孤岛效应应该理解为两种情况。

第一是技术层面过于孤立，即开发商在类似城市综合体、社区运营等方面会采用各类技术，但技术本身都属于单打独斗的模式，即和外部的各类技术没有相通性，这也使得很多技术普及程度不高。第二是数字化城市的发展和市场需求是脱节的，即各类花哨的技术创新很多，但是市场不认可，或者说消费者会认为此类创新和真实需求并不一致。在上海数字化转型爆发式增长之后，智慧城市的可持续运营模式也亟待探索。市场参与机制的不完善与难以满足建设运营智慧城市的基本需求，而城市开发运营商作为重要“操盘人”，也亟待寻求一条可持续的运营模式以保证相关业务的盈利能力。

数字化城市的加速布局，不仅能够改善政府治理、促进公共服务，解决城市中的交通、社会、环境、生活等实际问题，还能满足各类社会活动与公共需求，提供更优质的公共产品。而以新一代信息技术为基础，结合智能感知、分析、集成，与市场相结合，提供更加便捷、高效、灵活的公共管理和社会服务。上海市相关政策对智慧产业的重视与区域规划的陆续出台，预示着智慧城市布局将迎来高光时刻。

2. 数据如何驱动城市运营

城市的发展与治理离不开数据和信息。随着信息技术的发展，以大数据为基础的新兴技术革命改变了城市的整体面貌，也增强了城市管理和服务的能力。数据驱动的城市管理能够优化城市的资源配置，同时也能够开发出一些未被认识到的需求，使城市管理在及时满足不同行为主体需求的同时，增进城市居民的福利水平。在超大城市运行日益复杂化的过程中，数据驱动提供了完善城市社会治理的新工具，而实现数据驱动则需要以下几个要素：

第一，数据的采集。由于传统城市规划设计中的空间地理信息和城市规划管理系统的数据更新不及时，有较为明显的滞后性。另外由于技术手段的限制，这些数据在整体的处理方面仍然欠缺精确度。而有关于城市规划管理系统的数据处理多是依靠规划管理部门配合。在大数据时代，通过遍布全市的基站可实时获取整个城市范围内各个时间段居民的城市行为信息。通过将居民的时间数据与位置数据进行关联分析，可获取上海各个区域、各个时间段居民的城市行为信息，全方位掌握各类人群在空间及时间上的聚集情况。

另外，物联网和通讯技术使万物相互连通，每个个体和节点，包括手机、摄像头、智能汽车，任何可以联网的设备都将会提供海量的数据。物联网标识令城市中数以亿计的各类终端信息在一个频道上互通成为可能，其基础资源设施建设，以标识为载体，提供对应接口，将各行业的数据资源进行汇聚和应用。有了数据之后，就要对数据进行加工，因为原始数据本身可能是杂乱的，没有经过很好的逻辑梳理，在对原始数据进行数据清洗和筛选后就可以进行数据分析。

第二，数据分析与建模。每一种数据分析方法都针对不同维度的数据研究，其中精益数据分析是数据分析方法交叉应用的结果。系统的数据还提供周边常驻客户画像、民用住宅及房价、周边餐饮业态、周边医疗相关业态、周边教育培训相关业态、周边宠物相关业态、周边景区业态、周边交通相关业态、周边公司分布业态、周边商务住宿业态等信息。在完成数据筛选和过滤后，接下来便是对不同场景需要的数据进行数据建模。我们可以通过夜光影像、人口密度、土地覆盖等数据收集城市人口活动的变化强度，对人的行为认知进行建模并研究分析，这样可以帮助解决城市建设的问题。从宏观来说，在城市群领域，可以计算城市群中次级城市距离中心城市的实际可达性，以判断城市联系度。从中观微观来说，可以判断上海各小区周围是否有足够的医疗、学校、商业等城市设施，评价一个城市的小区水平，及时查漏补缺。

最终，我们将运用收集和整理好的数据进行城市的运营决策。数据在决策中的重要性在于一致性和持续增长。它能够为城市创造新的商机、创收更多、预测未来趋势，优化当前的运营工作并产生可行的见解。数字世界处于不断变化的状态，并且要与周围不断变化的环境一起进步，这就要求必须利用数据来制定更明智和强大的数据驱动型运营决策。定性和定量这两者对于制定数据驱动型决策至关重要。定性分析的重点是不能由数字或指标定义的数据，例如访谈、视频和轶事。定性数据分析基于观察而非测量。在这里，至关重要的是对数据进行编码以确保将项目有条不紊地以及智能地分组在一起。定量分析的重点是数字和统计。中位数、标准差和其他描述性统计在这里起着关键作用。这种类型的分析是衡量而不是观察。定性和定量数据都应进行分析，以制定更明智的数据驱动型业务决策。只有甄选出最优渠道，才能实现营销资源和营销渠道的把控。

数据可视化的意义是帮助人更好地分析数据，信息的质量很大程度上依赖于其表达方式。对数据中包含的意义进行分析，使分析结果可视化。一方面，数据赋予可视化以价值；另一方面，可视化增加数据的灵性，两者相辅相成，帮助人们从信息中提取知识、从知识中收获价值。近期，数据可视化决策系统助力就落实到了上海城市运行的“一网统管”，实现“数联、物联、智联”三位一体的城区大脑。

其指挥系统以大数据为支撑，通过人工智能、物联网等新技术应用，将人口、法人、事件、部件、交通、环境、气象、物联设备、视频监控等城区治理要素撒点上图。可视化数据以城市数字基础设施为基础、通过数据汇聚和分析，结合地图的可视化展现形式，以生态化的服务为运营模式，利用“实时、全样、精准”的城市数据建立全程在线、全域覆盖、实时反馈的“城市运行态势地图”。

数据驱动城市运营应用场景

数据驱动城市的案例其实有很多，这里我们就来看看智联城市和大家关注比较多的“看病难”医院数字化运营的案例。

首先我们把目光聚焦在上海。普陀区是上海市率先提出并在全区完成“智联普陀城市大脑”区级智脑建设的中心城区。经过半年的建设，建成完全覆盖全区的统一城市智脑指挥中心，指挥中心共涉及公共安全、公共管理、公共服务，共计 30 个大类、50 种智慧管理应用场景，并能够实时与公安、城管等城市管理数据连通。以全区地图为展示基础，地图以街道为区块划分显示：点击地图街道区块可进一步显示街道地图及街道详细信息；全区地图模式下，滚动显示街道事件信息数据。“城市大脑”运行使治安案件接报数下降了 80% 以上，片区偷盗及入室盗窃案同比下降 21%，将问题解决在群众开口之前。为普陀全区提供了精细化管理服务。该方案已编排了 45 个应用，覆盖全区各个委办、街镇、片区，并下沉到小区物业和保安等一线处置人员。上海有很多像普陀区那样运用大数据建立城市管理智脑指挥中心，区带动片，最终形成网状的城市运营管理网络和中枢，时刻不停地处理来自城市方方面面的数据，辅助我们的城市管理者守护着我们这个城市的安全、稳定、高效的运行。

当前，医院已进入数字化、大数据时代，医院系统众多，产生出的海量医疗数据完全具有大数据的特征：种类多、传输快、数量大、价值高。获取到数据后，要基于人工智能、自然语言处理（NLP）等技术对数据进行后结构化处理和数据利用。医院中广泛存在的异构数据面临着诸多问题，如多库分离，异构数据分散；医院不同时期数据不一致；无法跨库关联；无法在线查询全量数据；数据质量差等。上海市第六人民医院数据探索方案包括：基础数据建设、临床数据治理、DRG 应用试点、绩效数据上报、医院运营管理、信息服务患者、新冠病毒防控。此前，上海市第六人民医院为进行数据化转型开始使用电子病历建设，建设 CDR 数据中心、全量大数据中心（HDR），并采用 AI 机器学习、大数据等技术，实现大数据分析等功能，并将数据应用建设在全院推广科研平台，实现科研深度应用，提升研究产出建设。

数据驱动推动城市数字化转型

在城市信息化浪潮与数据科学崛起的共同推动下，智慧城市开始在全球范围内成为未来城市发展的新理念与新实践。上海作为推进数据化转型重点城市，已经充分认识到城市的大数据、数据活化、数据挖掘等数据管理、应用与分析技术在智慧城市建设当中具有核心作用。

城市数字化转型是由数字技术和数据要素驱动的城市发展模式与实体形态的结构性转变，覆盖经济产业、社会生活、政府治理等方面。数字底座是全面推进城市数字化转型的基础条件，上海数字基建始终走在全国前列，5G室外基站已经实现中心城区和郊区重点区域的连续覆盖。

数字化转型的基础是数据，数据源于连接。原先如果说受制于零散、滞后的数据，管理者只能对城市运行作片段的、低精度的勾画；那么随着上海在数据采集、传输、处理方面能力提升，特别是物联、数联、智联网络的建设，营造了数字孪生体、对城市面貌作完整呈现，大幅提升治理和运营洞察力成为可能。

整体转型，实际上是基于数据融合的一种探索；多维度、跨领域数据的碰撞会产生奇妙的“数字化学反应”。目前，上海市运行“一网统管”“三级平台、五级应用”架构基本形成。这种感知力、判断力、处置力可以向交通管控、环境保护、产业服务、社区治理等诸多场景输出，从而消除治理盲区，定位矛盾症结，并通过趋势预测发现潜在风险，最终让每个市民都感受到城市的效率和温度。

11 上海优势：从汽车芯片看集成电路产业

2020 年是形势比较复杂的一年，在内，由于新冠肺炎疫情的到来，各行各业的发展都十分困难，中国集成电路行业也不例外，行业整体的增长速度变缓；在外，由于国际大环境影响，中国集成电路行业又接二连三遭到制裁。这就使得中国集成电路行业在 2021 年的目标转变为在变化中开拓新局，而汽车芯片作为中国集成电路行业重要的一环，从汽车芯片身上也可看见中国集成电路行业的一部分缩影，只有抓住机遇，在变局中开新局，才能打好开局之战。

缺“芯”的原因在哪里

中国在国际市场上的话语权不高。近年来，随着中国经济的发展，在世界汽车电子芯片消费方面，中国逐渐成为最大消费市场，然而在世界汽车芯片供应方面，中国只占 3% 的市场。很大程度上，中国在世界汽车芯片供应方面是没有很大话语权的。这也刺激了中国国内汽车产业的高速发展，导致中国汽车电子芯片需求激增，影响了中国汽车行业的电子芯片供给。

汽车电子芯片供应链断裂问题时常发生。就中国现在的汽车电子芯片发展的过程来说，汽车电子芯片的核心供应链断裂并不是第一次，此前也有发生，只是这一次的问题尤为强烈。本次问题发生的主要原因还是行业的上下游供应链出现问题，导致整体汽车芯片行业都受到了影响。2020 年的新冠肺炎疫情席卷全球，以台积电、英特尔为首的汽车芯片供应厂商的产量缩减，对于全球汽车电子芯片供应链受到的波动都很大，这也导致了中国的产业链重新分配。

中国汽车电子芯片过度依赖于进口芯片，较为复杂的汽车电子芯片基本都被国外垄断，国产化芯片通过国际标准又很难，投入与收获完全不成正比，且周边环境较为恶劣，很难形成有效的本土汽车电子芯片研究的良好环境。另一方面，在华为海思受限后，在国际芯片厂商中很难寻觅到中国大陆企业的身影，目前最有可能替补海思的是总部位于上海的紫光展锐。这就导致中国汽车电子芯片供应链愈发艰难，在国际上的话语逐渐削减，但是还留存一份希望在上海，这就需要上海发挥应有的作用。

从代差看挑战

中国的电子芯片市场足够庞大，却迟迟处于下风。中国汽车市场对于世界汽车电子芯片市场来说，是世界最大的消费市场，但同时自身供应汽车电子芯片却只占全球的 3%，中国存在更多的是如中芯国际提供的晶圆代工之类的服务，其中核心的汽车芯片技术没有掌握，只能处于制造大国而非“智造”大国的地位。而美国垄断了汽车芯片50%的供应市场，韩国、日本、欧盟各占27%、7%、6%，这也就导致在现在这场缺芯危机中，出现更多的是欧美日等国际大厂们的反应，国产芯片厂商难以发声。

相较于世界汽车芯片技术，国内汽车芯片功能与技术上由于起步较晚，现阶段仍旧落后于世界水平。目前拥有汽车芯片设计能力的公司都是一些行业巨头，如英特尔、高通、英伟达等。但有能力同时设计和制造处理器芯片的大厂只有英特尔和三星。而我国汽车芯片产品由于技术、品质等方面还存在诸多不足，总体水平与国际巨头存在2到5代的差距，同时还存在供不应求的问题，自给率不到10%，因此长期高度依赖进口。

汽车芯片的发展趋势

由于国际市场通常被国际电子芯片巨头垄断，国内电子芯片企业只能采用代加工的模式进行电子芯片产业的发展，可总是帮“别人”加工，自己却不会加工，终究是个大问题。那么中国电子芯片企业接下来的发展趋势自然是要解决“自主加工电子芯片”这个问题的。

首先，汽车需要解决的就是汽车电子芯片的技术问题。针对这个问题，目前国内市场上的汽车电子芯片的使用寿命就是个很大的问题，而且相关工作环境和规格标准都是需要高水准严要求才能做出来的。国内的汽车电子芯片企业的水准还应该多多提高，尽力在自主研究汽车电子芯片的研究上投入更多的精力。而这一点，上海很早就有了觉悟，从聚焦张江开始，就一直耐心筹谋，投入最大精力去研究技术问题。上海经历了种种苦难，不断提高张江各方面的发展，拿出手的是人才聚集度、企业孵化度和产业链完备程度亮眼的成绩单。往后，上海在这一方面的投入也不会在少数。

其次，汽车电子产业链的架构迭代发展。汽车电子电气架构正从传统分布式架构，逐步向中央集成化演进。传统模式下，汽车电子产业链很长，以线性开发为主，各级供应商绑定合作，关系稳固。而现在正处于缺芯危机，打破了原有的产业链稳定的状态，是市场认可国内芯片供应商的契机，但是危机一旦得到缓解，国外的芯片还是会占据市场。因此，汽车电子芯片的产业链未来的发展中应该进行一定的产业升级与重构。

从汽车芯片看集成电路产业的现状与挑战

目前，汽车电子芯片产业的发展有很大进步，而集成电路产业也不遑多让。我国的集成电路市场需求巨大，行业发展迅速，但自给率较低，企业规模偏小，但在政府政策和资金的大力支持下，得到了迅速发展。据 2020 年 8 月 4 日国务院发布的《新时期促进集成电路产业和软件产业高质量发展的若干政策》，目标到 2025 年芯片自给率由目前的 30% 提高至 70%，国产替代空间广阔。2020 年，上海市集成电路行业协会发布的最新统计数据显示，2020 年上海集成电路产业实现销售收入 2 071.33 亿元，同比增长 21.37%，是国内产业链最全、集聚度最高、综合竞争力最强的地区，能够有力支撑相关产业发展。

在汽车电子芯片产业上，我国企业对于汽车电子芯片的研究还不够，集成电路产业上也是如此，有很大进步，但是仍需要大力发展。上海在2020年设计业实现销售收入954.15亿元，同比增长33.39%；制造业实现销售收入467.18亿元，同比增长19.87%；封装测试业实现销售收入430.9亿元，同比增长12.64%；装备材料业实现销售收入219.1亿元，与2019年基本持平。国内的芯片已经从“制造”逐渐走上了“智造”的道路。

需要注意的是我国的集成电路行业还是面临很大的挑战。首先，我国集成电路行业很是缺乏龙头企业的带动，也缺乏政府政策的指引与带领，大多是“小产业”，比不上国际上的巨头企业，也没有足够的能力和资金进行科创研究，自然没有形成良性循环。其次，我国虽有很大的市场存在，可企业与市场之间的磨合关系并不是很好，并没有发挥国内企业的本土优势，大都占据低端市场，很难进入中高端市场。最后，集成电路的产业链协同格局也将会有很大的发挥空间，最关键的核心部分还是掌握在“别人”手里，我们还是需要突破这个局面的。

集成电路行业的“十四五”展望和上海优势

目前，我国集成电路产业已进入国家安全战略构建、产业结构调整、产业发展模式转变的决定性阶段，是加快推进贯彻落实中央关于集成电路发展政策及其部署的重要时期。国家对于集成电路行业有很高的期望，根据往年的数据对未来几年的增长前景判断，我国集成电路产业销售规模在未来几年将保持两位数的高速增长。这是我们美好的期望，也是刺激集成电路行业前进的动力所在。那么实现这个愿望需要我们做些什么呢？

首先是先进制程。根据国家“十四五”规划，一个很重要的点就是需要加快我国集成电路行业的发展速度，现有的发展很好，但是我们需要跟上时代的脚步，加快脚步才能超越国际上比我们发展得更好的产业。我国 IC 制造的挑战和不确定性在于先进制程，可喜的是，成熟制程以及存储器企业的国产化已取得一定成绩。

其次是高端 IC 设计和先进封装。我国的 IC 产业分布分散较为稀疏，规模也并不是很大，具有一定的亮点，但缺乏核心技术与核心制造能力。对比国际集成电路产业，仍是存在着巨大的差距。“十四五”可针对存储芯片、嵌入式 MPU、DSP、AP 领域、模拟芯片和高端功率器件进行重点支持和引导，发力解决关键领域“卡脖子”问题。

再次，长三角地区在我国集成电路产业中占据决定性地位。我们需要认识到一个国家的行业如果有了龙头企业或者示范性的地区，那么在其他产业在发展时自然会有比较成功的本土案例进行参考，整个行业就可以更轻松地被带动。数据显示，2020 年上海的集成电路产值超过 2 000 亿元，全国占比 22%。这个数据虽然算不上亮眼，但是在国内，上海已经是集成电路产业链最完备、综合技术水平最高的地区。因此，一旦长三角地区取得了突破，那么中国集成电路行业的发展将会加快很多。自从 1999 年，上海实施“聚焦张江”战略以来，张江高科技园区的面积从 25 平方公里扩大至 220 平方公里，增长近 10 倍，名字也随之改为张江科学城。张江作为国内集成电路产业最为集中、综合技术水平最高、产业链最为完整的产业集聚区，张江科学城集聚上下游企业达 250 多家，对于中国未来的集成电路行业的发展已经起到了示范性的作用。

最后，发挥上海具有自主可控集成电路设计业和制造业的基础优势。未来上海也会着力于发展中国（上海）自由贸易试验区对集成电路产业发展的支持模式，着力于缓解日益突出的集成电路产业实现跨越式发展所面临的人才矛盾，会在集成电路行业上起到参考示范的作用。上海已经不只一个张江，未来还会有更多集成电路行业的摇篮。

12 上海生物医药与健康对标世界级产业集群优势何在

近年来，人工智能、数字传感器、云计算、高级分析和其他先进技术在政策的支持下催生了一批精通数字技术的公司。为推进上海先进制造业高质量发展，根据《上海市国民经济和社会发展第十四个五年规划和二〇三五年远景目标纲要》，上海计划着力打造六大高端产业集群，发展电子信息、生命健康、汽车、高端装备、先进材料、时尚消费品六大重点产业，推动制造向服务延伸，加强产业细分领域布局，促进产业集群化、生态化发展。

由此可以看出，而生命科学行业作为重点产业，其数字化创新和技术成为21世纪各大医药公司的关键因素。数字化创新正在一步步改变着如何发现、开发和制造药物，跟踪供应链，进行临床试验以及招募和监测患者的规则。生命科学行业的许多企业也利用技术来获得洞察力并就关键垂直领域做出决策，例如营销传播、销售运营、财务预测、药物发现和患者护理。由此可见，数字技术正在改变全球生命科学领域的DNA。

制药和医疗器械公司在新兴的医疗保健数字生态系统中拥有丰

富的机会，我们相信最成功的生命科学企业将与其生态系统合作伙伴进行有效合作，从而推出突破性疗法和设备，并以数字方式监控和改善使用他们的患者的健康状况。

生命科学行业当前的数字化进程

1. 新模式下的医护服务

随着疫情期间远程医疗和远程监测的使用迅速增长，很多医生和患者消除了对视频诊疗的不适。由于在线体验成为医疗系统的“数字化前门”，视频诊疗也可促进与医药销售代表和医疗联络员之间的虚拟沟通。

2. 政策制定：虚拟医疗的报销和监管

疫情期间监管要求的放宽，促使诸多国家采用远程医疗，但报销和监管政策的颁布将是长期采用远程医疗并不断发展的关键所在。疫情期间，很多国家须在报销、政策和监管方面采取措施，以实现大规模采用远程医疗。生物制药和医疗科技企业可能希望紧跟这一趋势，从而改变与本地医疗服务提供商的沟通方式。远程医疗方面的政策明朗对远程医疗的发展极为重要，促使大量远程医疗平台和初创企业应运而生。

3. 新的护理场所：科技巨头将临床护理转移至家中

家庭正成为互联生活的中心，新成立的医疗保健联盟旨在将家庭指定并延伸为互联的临床服务场所。随着临床试验转移至家中或采用虚拟方式，智能手机和可穿戴技术成为重要的临床工具。

4. 虚拟护理云

云计算是数字化转型的核心，亚马逊、谷歌和微软聚焦医疗云市场，致力于实现患者护理转型。全新虚拟护理能力、远程监测及患者护理协调现已成为部分云服务。谷歌云也提供虚拟医疗服务。

5. 数据驱动药物输送设备的创新

通过使用设备、数据和其他见解，使患者进行自身健康管理是提供医疗保健服务的关键所在。电子药物输送系统是一种智能设备，可向患者无缝输送药物并进行远程监控。数据驱动解决方案的创新正在推动药物输送设备的发展。

数字化开辟全新业务模式

长期以来，科技公司一直认为全球医疗保健市场充满机遇。例如带有健身追踪器和健康应用程序的智能手表，以及带有健康监测器的可穿戴设备，都是科技公司为注重健康的消费者而开发的设备种类。另一个主要领域是个性化医疗，随着基因组学和人工智能的快速发展，以及用于研究疾病进展、治疗方法及其影响的个人健康数据的爆炸式增长，蕴藏着巨大机遇。

制药和医疗科技企业的供应链正在成为数字创新的中心，通过从工厂到药房的分销进行增材制造和药物数字跟踪。许多领先的生命科学公司已经将大型数字公司的到来视为机遇，而不仅仅是威胁。为了应对数字化转型对行业的转变，领先的生命科学企业和新的玩家应重构他们的业务模式、业务流程和工作角色。

1. 以客户为中心，提升患者治疗效果

生命科学通过与客户和设计合作伙伴互动，收集结构化的客户需求信息，进而与服务合作伙伴和知识型合作伙伴展开协作，交付全新的、具有差异化优势的患者价值主张，比如，远程捕获患者数据和设备数据。

2. 企业以生态系统的形式参与竞争

新模式下，不仅企业各部门之间，企业与制造商和供应商之间都能根据需要实时开展协作，协调治疗效果。通过整合药物和设备开发流程，企业不仅能推动协作，减少设计和开发成本，还能提高产品质量，包括治疗慢性病和罕见病的产品，以及面向新兴市场的可负担型产品。

3. 实现数字化供应链和智能工厂

通过实现供应商网络移动化，生命科学企业可以满足小批量生产或个性化批量生产的需求。通过真正了解患者和医生的需求与期望，它们能够提供极具个性化的数字化医患体验。产品定义可以进一步扩展，涵盖用于提供服务和持续互动的内容，并将其嵌入创新

流程。通过打造数字化工厂，生命科学企业能够利用预测模型，最大化资产正常运行时间，充分降低维护成本。

4. 探索全新业务模式

数字化能力成熟的生命科学企业意识到，仅凭领导层不足以推动变革，因此鼓励企业各级人员共同助力变革。相较于初具数字化能力的企业，数字化能力成熟的企业中各级人员均更热衷于推动变革。两者在合作方式上也有所不同，相较于初具数字化能力的企业，数字化能力成熟的企业日益重视并提倡内部合作，尤其是跨部门合作，同时也更倾向于开展外部合作（商业合作伙伴及客户）。对于生命科学企业而言，这一点尤为重要，因为不断涌现的数据信息大多来源于外部利益相关者，包括医院、医生与患者。

数字化转型方式

1. 接受新的数字战略和商业模式

数字化转型的一个主要好处是能够利用新的数字战略来发展商业模式。通过重新发现消费者及其痛点，制药公司可以更接近它们的客户，并开辟新的 D2C 通信和销售渠道。消费者期望制药公司提供治疗以外的价值，他们想要一种无缝的体验，超越购买产品。他们希望制药公司帮助他们改善病情，丰富他们的健康之旅，但制药公司大多未能实现。

制药公司应缩小与消费者的差距，并通过支持患者度过健康之旅来提供新的价值，而数字化转型战略应侧重于使组织以客户为中心，销售和营销引领更及时和相关的消费者互动。了解买方旅程的全貌很重要。制药公司通常有孤立的 B2B 和 B2C 业务模式。在当今的数字环境中，这已不再是一个成功的策略。向 B2B2C 的过渡使销售和营销能够为企业和消费者创造无缝的购买旅程。所有客户都有更高的期望，并希望获得与其独特需求高度相关的体验。

2. 在技术和数字化方面进行投资

制药行业是未来几年数字化转型中变化最大的行业之一。人工智能、大数据分析和机器学习等技术已经帮助制药公司提高效率、加快流程和做出数据驱动决策。处理大量数据和得出可操作见解的能力可以从研发到营销和销售等领域受益。自动化工作流程使制药公司能够获得更好的控制并降低风险。在像制药业一样受到严格监管的行业能够可视化数据流程，可以显著提高监管合规效率。

在营销方面，AI 和自动化可用于创建和扩展与患者高度相关的个性化消息和交互。营销团队可以自动化重复任务，精确定位消费者，并跨多个渠道扩展活动。通过为每种产品规划买家的旅程，制药公司可以建立领先一代活动和自动电子邮件营销，以培养客户度过他们的健康之旅。聚焦 AI+ 新药辅助研发、临床实验、生产加工等环节，构建基于标识的医药供应链；国药生物上海公司研发“疫苗追溯码”，实现疫苗冷链物流作业零差错。

3. 建立改进流程的数据基础架构

建立动态数据基础设施是制药行业数字化转型的重要组成部分。弥合数字鸿沟、满足消费者需求和建立强大的数字形象至关重要。数字转换策略通常会生成大量数据。这是一种可以用来加速进展的资产，但它要在被需要时获得和可用。一旦数字化转型开始运作，就需要制定正确的流程来处理新数据的流程。制药公司应该关注供应商和外部合作伙伴，了解正确的技术如何增强其数字化计划的能力。

数字化转型为生命科学企业带来的机遇

1. 政策扶持

为进一步发挥生物医药和生命科学产业引领作用，加快建设具有国际影响力的医药产业创新高地，全力打造世界级医药产业集群，促进上海市医药产业高质量发展，上海的医药新政将给予资金支持药物和医疗器械研发，打造世界级医药产业集群。其中，主要支持领域包括生命科学领域精密科研仪器、制药装备和高端原辅料、新型服务外包、数字化医疗（医药）产品和服务等。

2. 高效互动

企业可运用数字化技术为重要客户、员工和生态圈合作伙伴提供颇具吸引力的差异化数字体验，并带来深远影响。主要措施包括利用数字化平台让患者和其他利益相关方远程参与，借助社交和其他社区网络，以及结合用户数据提供个性化体验以创造更大价值。

3. 创新产品和服务

以数字化转型为契机，企业可构想并推出创新产品和服务，从而增创价值；同时也可通过缩短药品研发周期或降低成本，以提高研发收益。

4. 高效执行

通过不断加强合作，集中整合数字化技术以精简交付环节，以及不断提升企业及各部门能力，企业可借助数字化改善绩效、降低成本，进而提升执行效率。

5. 人才培养

在数字时代取得竞争优势需要合适的人才，组建一支技术娴熟的内部团队并与外部伙伴合作，这样可以增加数字业务转型成功的机会。从长远来看，制药公司应将资源用于培训和人才招聘，以发展数字功能内部人才。短期内，制药公司应寻求拥有合适团队和资产的外部伙伴，以构建和扩展数字计划。内部人才和外部伙伴之间的整合可以快速发展数字能力，并促进长期成功。数字转型合作伙伴带来人才和专业知识，同时也带来能够显著影响数字旅程速度的资产。

展望未来

生物医药产业作为上海三大先导产业之一，2020年，上海生物医药产业总规模超过6 000亿元，创历史新高。2021年上半年，上海生物医药产业规模同比增长22.8%，达到3 500亿元。也是在2021年，上海又新增三家科创板上市公司，累计达到15家。上海力争到2025年，生命医药产业规模达到1.2万亿元，其中制造业产值达到2 800亿元。

制药业正处于一个巨大变革时期的开始。在新冠肺炎疫情暴发之前，这种趋势已经在加速。制药业的领导者需要预测五年后，尤其是后疫情时代制药业的发展情况，并设想他们的公司将如何实现价值。个性化医药、新的商业模式以及消费者态度和行为的变化都将对制药行业的未来起到至关重要的作用。为了利用这些趋势并获得竞争优势，制药领导者需要确定自己的长处和短处。评估当前的能力，有益于制定合适的战略来解决任何可能阻碍公司发展的因素。

与此同时，在政策的加持下，上海市将快速推进互联网健康服务体系建设，完善长三角卫生健康一体化合作机制，加强与“一带一路”沿线国家（地区）交流合作，更进一步推进上海健康服务业的规模和发展质量，帮助上海成为医学科技领先、健康服务体系完善以及基本医疗卫生制度健全的全球健康城市。

13 从社区服务中心到数字家园：上海城市数字化转型能为居民做什么

社区服务中心——市民好帮手

在日常生活中，我们每个人都与社区服务中心打过交道：病历本用完了，去社区服务中心换一本新的；小朋友的医疗保险要买了，去社区服务中心跑一趟；待业在家的可以去社区服务中心办个失业救济，顺便看看有什么新的就业机会；老人住院了，到社区服务中心问问可不可以办大病医保。还有社保卡换新版了，社区服务中心就可以办的；要配个常用药，社区卫生中心是首选，路近、省时间、挂号费还便宜不少；老人白天没有人看顾，到社区服务中心问问有没有社区护工可以帮忙的；小朋友假期实习，到社区服务中心看看有没有志愿者项目；甚至有个法律上的小烦恼，也可以去社区服务中心请教一下老师，心中好有个底。

社区服务中心是政府管理部门向社区居民提供服务的窗口，只要是跟社区民生有关的，不管是物业服务还是公益活动，社区服务中心都起着至关重要的作用。小小的一个社区服务中心，承担支持着各种各样的功能：综合服务、社会保障、医疗保健、社区党建、劳动就业、社会福利、社区文体和教育、司法援助、社会治安，甚至城管税收等，可以说社区服务中心的工作与我们的日常生活息息相关。社区服务中心以“情系社区，服务万家”为宗旨，贯彻“人民城市为人民”的理念，既要讲政策，也要重效率，更要保证社区居民在享受社区服务中心的服务时能够有良好的体验。

社区服务中心也是政府与市民之间最直接的桥梁。政府在社区治理、便民服务、公共服务上的探索创新通过社区服务中心落实尝试。市民在社区服务中心办理居家生活所需的种种事务，市民面临各种急盼愁难问题，社区服务中心是第一个感知的。而社区里的老弱病残人群，是社区服务中心最关注的。社区服务中心一方面协调和对接政府各个职能部门，同时又直接面向市民，行使管理和服务功能。

数字家园——社区服务中心的升级和延伸

数字化技术在优化资源配置、推动社区服务精准化个性化的过程中起着极其重要的作用，上海在数字化转型的规划中提出了“数字家园”这个概念，数字家园是在社区服务中心的基础上升级优化而来。数字家园将扩展社区服务中心现有功能，着重优化用户体验，把服务延伸到居民面前。在生活数字化的进程中，数字家园协调市民、社区和企业三者的关系，起着驱动齿轮的作用。市民是数字家园建设的主人，决定要不要做，做些什么，是不是做好了。社区是数字家园建设的平台，每个社区各有各的特性，数字化建设相应地侧重点各有不同。企业是数字家园建设的实施者，如何用好技术，如何保证物有所值，是企业的责任和义务。

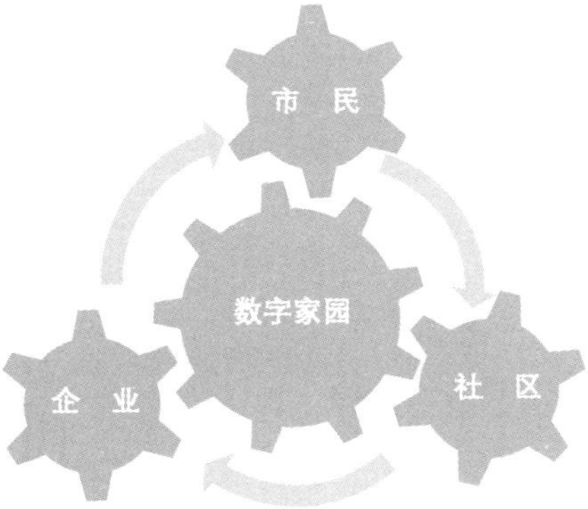

上海市正在一些试点区域尝试打造一批标杆性的数字社区，数字化转型将让上海变得更加聪明、更有温度，让每一个工作生活在上海的居民实实在在地享受到数字化带来的便利和品质生活。《上海生活数字化转型三年行动方案》提出，到 2023 年建成至少 50 个生活数字化转型标杆场景。除了在物业管理、综合治理、智慧康养等方面升级便民服务之外，上海已经在老人出行关爱、精准扶助等方面开始了许多成功的尝试。下面我们就一起去看看几个正在运行中的实际例子。

一键打车：在小区的“智慧一键叫车屏”上输入手机号和验证

码，出租车司机立刻会收到相应叫车信息，在司机接单的同时，乘客可以走到指定上车点等待。三五分钟就能坐上出租车，免去了以往在路边扬招半天都叫不到空车的尴尬。“智慧叫车屏”还有“刷脸叫车”功能，系统通过人脸识别，为特定人群优先调配车辆，将预约车辆的车牌号码、驾驶员信息和预计抵达时间显示在屏幕上，有效缓解乘客等待车辆时可能产生的焦虑或者烦躁情绪。

“刷脸”就餐：除了能“刷脸”叫车，老年人吃饭也能“刷脸”支付。顾客取餐后将餐盘放到结算台上，系统自动显示总价。对于不方便使用手机支付的老人，可以在系统中将人脸信息与敬老卡绑定，实现刷脸支付。这样一方面简化了结算支付过程，还能统计社区食堂各个菜品的点单量，优化菜品供应。

一键呼叫：目前在试行的有两种呼叫方式。一种是智能音响类的“XX精灵”。可以通过精灵呼叫社区，与居委会干部实时通话；或者念出关键词让精灵播报新闻；老人还可以每天早上对着精灵“打卡”，居委会就能同步知晓老人健康状况，有的放矢地开展走访工作，既不过分打扰老人的日常生活，又为社区工作增能减负。另一种是“一键通”应急呼叫，这是为高龄独居老人专门安装的。老人可以通过设备向呼叫中心一键提出紧急呼救、信息查询、生活服务需求，呼叫中心全天值守。对于家中没有电话线或是不愿意安装智能设备的老人，通过社区智能音响等设备连通老人和相关居委会，由呼叫中心定期主动关爱。

政策找人：一是将原本局限于社区内的数据与“一网通办”“一网统管”共享，通过大数据分析，为社区特定人群精准画像，发现其隐性需求，将相关政策和服务推送到人。二是通过“一网通办”上的业务登记信息，主动发现需要帮扶的对象，补全家庭基本信息、居住信息、帮困信息、标签信息等有关数据，再推送到相关平台派单给社工上门走访了解需求。平台还能根据帮扶对象的实际情况推荐个性化的政策方案，由帮扶对象自主选择。

除了上述这些服务，数字社区还能为居民提供各种便利服务。停车引导功能帮助车主轻松地在小区内找到空余车位，解决老旧小区停车难的问题。居民有点小毛病，就可以在小区门口的自动售药机上问诊取药。在小区的一网通办自助机上，居民可以开通新版社保卡、更换病历本、查养老保险、查三金、查公积金、查居住证积分等等，而不用再跑到社区事务受理中心去办理。

数字家园建设的宗旨就是让“生活更加便捷、家园更有温度”，围绕居民需求，以数据为核心，以体验感为目标，为上海全体市民打造一个高品质的生活环境。

14 代际数字鸿沟与上海探索

什么是代际数字鸿沟

大约从互联网成为当代社会不可或缺的工具与应用之时，针对现代的人类与环境关系，最早提出了两个概念，一个是“数字鸿沟”，另一个是“代际公平”。“数字鸿沟”是阿尔文－托夫勒（Alvin Toffler）在《权力的转移》中提出的概念，即信息和电子技术方面的鸿沟，信息和电子技术造成了发达国家与欠发达国家之间的分化。至于“代际公平”，按照佩基（T. Page）在《代际公平和社会贴现率》一文中的解释，可叙述如下：假定当前决策的后果将影响到好几代的利益，那么，应该如何在有关的各代人之间就上述后果进行公平的分配。我们这里所指的“代际数字鸿沟”是数字鸿沟的一种，即横亘于上一代人与下一代人之间的数字鸿沟，指老龄群体与年轻群体之间由于数字化能力的差别而造成的信息落差、行为阻隔和代际进一步隔阂的趋势。其实，“代际数字鸿沟”出现在全球，包括中国在内，不仅代表了老年人口数量多了，更重要的是预期寿命的延长带来的社会转型。

为什么会形成代际数字鸿沟

上海乃至全国的老龄化比重较高。根据中国国家统计局官方发布的《第七次全国人口普查公报（第五号）——人口年龄构成情况》中的数据，60岁以上老年人的比重在全国范围内已经占到了18.7%，在上海范围内已经达到23.38%。中国整体社会都已经偏向于老龄化，而相比于其他城市，上海已经严重人口老龄化，这也说明在往后的很长时间里，上海都需要习惯于人口老龄化问题共存，在共促的同时，积极寻找更好的出路，为其他同样人口老龄化的城市起到参考作用。

目前，中国老龄化与其他国家老龄化的主要区别就在于中国的人口老龄化是与经济高速发展同时到来的，这也是我们国家人口老龄化比较重要的特征。对于上海的人口老龄化现状来说，老龄化与信息化以及城镇化等多方面的发展共存是不争的事实。20世纪末，中国开始大力发展城镇化，近十几年来，城镇化高速发展，很大程度上提高了人民的生活水平，同时老龄化也亦步亦趋。但并不是说老龄化就代表着走下坡路，相反，老龄化也同样促进了城市完善相应的适老建设，刺激了60后、70后的消费能力，更好地带动了城镇化发展，这两者之间是相辅相成的关系。而在现下的老龄化社会中，随着移动互联网的到来以及人工智能的出现，社会进入一个新的信息化时代，已经打破了传统的社会运作方式，医疗、教育、文旅、通讯、交通等各方面已经有了全新的面貌。

年轻群体与老年群体的学习能力差距较大。年轻群体尚且可以依靠快速学习能力适应新兴科技，并按照自己的兴趣选择是否使用新兴科技，但是老龄群体的学习能力大不如年轻群体，在失去熟悉的传统工具后，无法快速接受新兴科技，自然也没有办法选择是否使用新兴科技，这对于无法接受新兴科技老龄群体来说就没有了选择权。当下来说，老年人因不会使用如智能手机、智能电脑等数字化设备以及网络，导致老年人使用现代化数字设备越来越不方便和常人使用现代化数字设备越来越便捷的两极分化趋势，代际数字鸿沟的表现更为明显，对于社会的转型和发展来说，是非常不利的。举个例子来说，在疫情期间，去一些公共场所都会需要用智能手机出示电子健康码、十四天行程码等电子证件，对于不会用智能手机甚至没有智能手机的老人来说，很难出示这些证件。在这种情况下，就极易造成老龄群体与年轻群体之间的信息脱节，当信息脱节到一定程度后，就形成了代际数字鸿沟。

有何方法解决代际数字鸿沟

老年人群不断扩大的当今社会，我们应当知道给定数字技术创新和应用带来巨大数字红利的前提下，老龄人口分享数字红利会是社会转型的重要组成部分，因此，我们就需要在老龄人口身上花下大功夫。

首先，我们应当正视老龄化问题，增强年轻人对于老年人的

“同理心”，使得年轻人深入理解和积极看待生理衰老后的困难，认识到如何从老年人的角度出发，真正做到“尊老”“敬老”，切实投身于帮助老年人的行列中，积极消除代际数字鸿沟。其次，我们应该认识到家庭在影响老年人的科技使用中扮演着重要角色，都说家庭是教育的最好环境，中年人不仅应该教育青年人应该做的行为准则，还应该以身作则，在赡养老人的问题上为青年人做出榜样。这里比较特殊的一点是，由于青年人接受新鲜事物的速度比较快，而中老年人比不上青年人接受新鲜事物速度的特性，可能会出现需要由青年人去教中老年人使用新兴科技的情况，这就需要两者之间做出一些角色上的变化。孩子少时，大人帮助孩子认识这个世界，待到大人老时，孩子也应该帮助大人认识这个世界。

其次，2021 年 7 月，国务院印发的《全民科学素质行动规划纲要（2021—2035 年）》中，将“实施老年人科学素质提升行动”列入“十四五”时期提升全民科学素质五项提升行动之一。上述举措，为弥合老年人面临的“代际数字鸿沟”，提高老人生活品质提供了政策支撑。对于上海来说，一直在做相关的努力，前些年推出了“9073”模式为养老服务打下基础，即 3% 的老年人接受机构养老服务；7% 的老年人可得到有政府福利政策支持的社区养老服务；90% 的老年人以自助或家庭成员照顾为主居家养老。2021 年的上海一网通办“随申办”App 也已经专为老年人推出了“长者专版”，放大了显示字体，还将老年人常用的随申码、医疗付费“一件事”、公交码以及地铁码集中展示，方便了老年人操作使用。而在技术创新方面，比较普遍的是采用更加原始、贴合老人生活习惯的方式，实行“去数字化”。企业在“代际数字鸿沟”问题上，应积极发挥企业的担当与责任，秉持科技服务人类的信念，使得设计出的产品更具人性化与时代性，不仅仅把产品使用人群的目光放在青年人身上，更应该考虑到中老年人群的使用需求。从实际出发，推动科技助老，督促企业推出更多的智慧老化产品，让老年人也可以使用的简单化产品。举个例子来说，很多老年人面临着“空巢”的现状，很大程度上会感到非常孤单、需要人陪伴，这种感情需求是很多时候在外打拼的孩子们无法满足的，那么是否可以设计出一些智能陪伴老人聊天的设备来解决老年人们的无人可说话的困境？另一方面，很多老人得了重病需要人照顾，家里请不起护工就需要孩子们工作家里两头跑，又是否可以设计出一些照护老人的智能机器人去解决这个问题呢？

最后，我们应该认识到社会始终是“人”组成的社会，我们不能仅仅依靠智能化科技产品去帮助老人，更应该将看护老人作为一种责任去承担，在日常生活中便可以做到，比如说在公共设施等场所增派人手对老年人群使用现代设备进行有效指导，鼓励在公共场所采用人脸识别的技术方便老年人的服务，也鼓励亲友、村（居）委会、老年协会、志愿者等为老年人运用智能化产品提供相应帮助，对孤寡老人也会多实行上门一站式的服务。不仅如此，俗话说“打铁还需自身硬”，因此还应该多次加开帮助老年人使用现代数字化设备的课程，帮助有自主学习欲望的老年人进行学习，让老年人也能跟上数字化社会的脚步。

全社会应重视并尽力消除代际数字鸿沟问题

我们在过去20年关注的重点主要是信息化，现在随着整个社会往前发展，老龄化程度越来越高，老龄社会的迹象越来越显示出来。所以，这也存在着整个基础设施既有从工业时代的基础设施向信息时代基础设施转型的问题，也有从年轻社会的基础设施向老龄社会基础设施转型的问题。我们应该重视健康领域的代际数字鸿沟问题，以国务院2020年11月下发的《关于切实解决老年人运用智能技术困难的实施方案》为准绳，在最大程度上将复杂的智能操作降到老年人可以使用的程度。我们始终希望在消除代际数字鸿沟，让更多人享受到技术发展的数字红利的路上，应该多方面合作。消除代际数字鸿沟是为了让老年人过上更好的生活，我们不能抛弃每一位为国家做过贡献的人，每个人都会变老，善待老人，就是善待未来的自己。我们应该认识到传统工具不一定就完全是不好的，科技带给了人们新生活的同时，也带来一些困难，我们只有扬长避短，最大程度上发挥科技的优势与传统相结合，为市民带来更好的生活体验，提高人民的生活质量才是最根本的。

15 手机导航与上海实践

2018年有一则新闻引起热议，一名男子因车载导航不准确、驾车驶入水库，差点导致悲剧。但是最近却鲜有听到因为导航错误造成伤亡的事件了。我们的导航为什么越来越精准？

导航作为我们数字出行中最常用的工具，无论是步行、开车还是电动车和自行车，都需要导航。导航通常分为室内导航和室外导航两种，室内导航一般是指用户在比较大的建筑物内，通过导航的软件来寻找特定的地点。一般在大型的商场和地下停车场中使用。它的技术、场景和室外导航差距很大，本文聚焦于室外导航。

什么是手机导航

一般来讲，手机导航是指使用手机上的导航软件，帮助用户从一个地点到另一个地点的过程。从这个定义可以得到一个结论，需要知道三类信息才可以完成一次精确导航：手机定位；目的地的位置；可以选择的路线和道路状况。

导航的线路和道路信息需要的实时性比较高，因此十分依赖手机信号和数据传输。上海的数字城市化建设过程中，在基础无线网络的建设方面有了巨大的发展，例如 5G 的普及为无人驾驶导航落地提供了设施基础。根据上海市通信管理局统计，上海 5G 基站总数达到 4.5 万个，5G 基站密度和占比两项指标的排名均位居全国首位。

数字化城市优质电信基础设施提供了高覆盖率、信号稳定等导航的最佳环境，保证了导航数据所需的实时道路状况信息传播。相比于发达国家的电信费用，中国的移动流量费用价格低廉，而且信号稳定，覆盖范围广，让手机的数据服务成为居民生活不可或缺的基本元素，催生了广大移动互联网服务的发展，让广大市民获得了更加丰富的生活服务，也让优质导航的体验成为人人可以承担的基本服务。

总之，上海市的电信基础投入，为市民出门导航提供了廉价、高效和稳定电信的手机服务才让导航越来越准确成为可能，除此之外，导航越来越准确，就需要上述三类数据质量越来越高，下面就详细介绍一下这些数据质量的变化。

手机定位就是 GPS 吗

获取用户的实际位置就是定位。很多人提起定位，第一反应是全球定位系统（GPS）。其实这是一个误解，就像说起可乐，大家默认就是可口可乐，实际上还有百事可乐等不同品牌。正确的理解应该是，美国的 GPS 是卫星导航系统（GNSS）的一种，常见的 GNSS 还有中国的北斗、欧洲的伽利略和俄罗斯的格洛纳斯。每一家的 GNSS 都不相同，不过都可以实现类似 GPS 的定位功能。所以 GNSS 决定了导航系统能否得知用户在导航动态过程中的位置的准确性。

当然除了手机上的 GNSS，还有手机传感器中的高度计、陀螺仪，以及手机信号等，这些手机上的传感器也都影响导航软件所获知的用户当时所在位置的准确度。例如陀螺仪可以计算出用户移动的速度，从而通过惯性预测手机的位置，而手机信号可以用于计算附近信号塔的位置提高定位的精准度。

GNSS 是依赖其卫星来进行定位，理论上手机 GNSS 连接的卫星数量越多，定位就越准，所以用户所在的环境会影响其定位的准确度。例如城市中的建筑混凝土会严重阻挡卫星信号，所以身处高楼林立或者地下室的卫星信号弱，会严重影响定位的准确率。这时，其他的辅助方式就尤为重要了，例如行驶在隧道中，惯性计算位置会更加准确，但是在长隧道内行驶一段时间后，定位准确率也会快速衰减。随着我国以北斗为代表的 GNSS 和定位算法技术的发展，导航的定位数据总体来看是越来越准了，但是准确率也会受限于手机型号和位置等微观环境因素，所以每个人对于定位准确的感受也是不一致的。

信息爆炸和导航的目的地

和数字化城市密切相关的就是城市中各种目的地的位置，例如酒店、办公楼等，这些地方称作兴趣点（POI）。而 POI 数据的质量也很大程度上决定了导航的准确度，假如一家新开的店并没有在地图上，可能也无法导航，或者它的位置存在巨大的偏差，那么导航也不准确，所以高质量的 POI 数据是导航的决定因素之一。

POI 的数据的质量有以下几个维度：首先是精度，POI 的精度是指系统中 POI 的位置在准确的范围大小，可以用米来衡量，一般 POI 的精度从几十米到几百上千平米不等，例如一个工厂的 POI 精度明显低于这个工厂的某栋楼的 POI 精度；其次是准确率，是指位置偏差的 POI 占总 POI 的比例，例如某健身房实际所在某商业体的 B 栋建筑，但是在地图上被标注在了 A 栋建筑，准确率就降低；第三是覆盖率，是指 POI 覆盖用户需求的空间位置的比例，例如一家店铺没有在导航地图中，那么就等于无法进行导航，地图的 POI 覆盖率就会降低；第四是唯一性，在地图应用中搜索“复兴路”，结果中青浦区、徐汇区和黄浦区都有复兴路或复兴西路，这样就造成混淆，所以好的 POI 不应该出现地址重复的情况，这样的 POI 越多，其唯一性也就越低；第五是及时性，是指在 POI 有其生命周期，当 POI 产生和消亡的时候，能够及时更新，例如某奶茶店倒闭了，仍然在地图上，那么其及时性就变差了；第六是传播能力，POI 信息的传播能力是指从一个系统到另一个系统信息携带的能力，例如某 POI 的地址很长有 30 个字，而且包含了多个多音词以及生僻字，那么其传播的过程出错的可能性就变高，传播能力就变弱了。

高质量的 POI 数据收集的成本高，所以大多数地图平台采用的是用户自动上报和与第三方数据互通的方式来提高 POI 数据质量。从城区差异看来看，绝大多数地图平台的城市区域数据质量比较高，但仍然会有一些问题，例如在建的建筑大部分没有 POI，小区中的某些楼栋没有 POI 或者城市中的井盖，水表等专业 POI 信息也不会覆盖到，而很多工程车辆其导航的目的地却是这些地方。

在城市数字化的浪潮下，自动化以及人工智能应用会越来越广泛，POI 数据会呈大爆炸的趋势，例如自动化的路边停车收费机器人要对不同车位进行收费，就需要把路边的停车位由原来的一个大范围的 POI 变成 20 个车位的 POI。随着 POI 信息数量大爆炸，一方面会造成在地图上显示不下的问题，很多地图平台会把某些地点隐藏到很深，用户不方便寻找，另一方面数据维护成本呈指数级增长。总之，目前的汽车导航所使用的 POI 数据质量相比之前的确有了长足进步，但是要满足未来人工智能和自动化下的机器导航需求的 POI 数据质量要求还有很长的路要走。

道路信息和大数据

道路数据的收集包括道路政策、位置和状况等。除了道路政策和规定，例如限行和不同道路的限速这些相对稳定的信息，其他的道路信息一般是动态的，例如拥堵情况。动态的数据收集一般是收集大量用户在导航时产生的数据，这就是应用大数据的手段来获得道路的状况的技术，例如根据大数据判断是否拥堵、是否出现事故等。同时结合用户上报来获得道路的各种状态，例如养护维修等。当越来越多的用户使用导航工具，其积累的大数据就越多，对其进行分析加工处理后，地图平台的道路信息就更准了。

除了给人用的导航外，还有给机器用的导航，常见的是为自动驾驶的汽车所使用的高精地图。高精地图的制作最主要的一环就是道路信息的收集，一般来说高精地图会使用激光雷达等传感器采集道路的详细信息，例如限速牌、路标和转弯指示牌等。目前，高精地图的数据采集和处理，还需要大量的人工来以半自动化的方式进行清洗、标注和分析。

目前各大主流出行平台和地图平台不断积累了大量数据，并且很多使用了机器学习等技术用于道路信息的处理，其所获取的道路信息和路况信息相比之前更加准确及时，例如实现了更加准确的路线推荐和到达时间预测。但是针对自动驾驶的高精地图的不断更新和制作流程还无法自动化，所以成本高效率低。

未来的导航

未来随着上海数字化转型的深入，出行行业和卫星定位等技术的发展，会深刻影响未来的导航。例如上海数字化转型如果采用了高精的地址体系覆盖了全境，包括各种城市设施和电动汽车充电站的高精地址采集，会让语音控制的自动驾驶成为可能。同时随着电信技术发展，特别是5G的普及，让使用大量传感器以及边缘计算的智慧交通系统应用落地，例如能够根据车流量调节的智能红绿灯的车路协同系统，会为未来的自动驾驶和无人送货机器人的导航带来革命性的变化。同时未来可以覆盖全球的北斗卫星和小型城市飞行器的商用，让现有的导航线路从二维扩展到三维。未来的导航也会随着这些新技术的发展发生颠覆性的变革。

总之，上海的数字化、国家高精尖卫星技术的发展、电信网络技术的发展，以及广泛覆盖、稳定和价格低廉的电信网络，新兴的手机厂商的技术更新迭代，已经给我们的出行生活带来了巨大的便利，让越来越精准的导航成为可能，全体市民未来的出行会更加精准和方便。

16 可以开电动汽车出远门吗

电动车出行，怎样才能不焦虑

电动汽车因为其养护性价比、静音驾驶体验等优势已经越来越被大家所接受，现在日常甚至是假日期间的高速公路上，都能看到不少驾驶纯电汽车的车主在高速公路上飞驰。以前大家总说电车市里开，油车高速开，可随着购买电动汽车的人越来越多，大家在出行方式上也发生了变化。2019 年高速公路上还很难见到纯电汽车，现在就随处可见了。但这也引发了一些小插曲。

2021 年国庆长假期间，一位深圳回湖南的新能源车主在网上吐槽，说自己在耒阳服务区给车充电时，花费了 5 个多小时时间，原本 8 个多小时的路程，最终花了 16 个小时才到达。没想到原本一条平平无奇的网络消息迅速引发了热议。电动汽车数字化转型的亮点包括 AI 智能交互、自动充电提醒功能、汽车远程控制、自动泊车和车主行驶数据变现，让用户行驶的每一公里都有价值，很多电动车都有低电量预警，并且会 AI 语音提示附近的充电桩，然后通过语音控制导航过去。很多电动汽车车主都在跟帖吐槽自己充电难的经历，充电桩也以这种意外的方式成为媒体关注的对象。

其实随着电动汽车购买用户越来越多，难免会出现充电桩局部的供需不平衡，众多用户排队充电。这里也给大家一些关于电动车出行的建议。首先在购车时，充分考虑自己实际日常出行和使用情况来选择合适的车辆，譬如日常通勤路程的长短、南北方温度的差异、日常家庭出行的人数与车内空间的匹配度等。其次，如需要长途行驶提前做好路线规划，现在很多手机应用都有电动车路线规划功能，会根据途中的充电桩分布情况来提示驾驶线路和充电时间。如需在高速公路行驶，尽量避开拥堵时期，进行错峰出行。最后，日常驾驶对电池余量有安全的概念，不要等到电量低了之后再急匆匆找充电桩。不管是电池技术的提升还是充电桩的建设都不是一蹴而就的，根据自身的需求合理购买和使用，才是最适合自己的选择。

那么回到充电的问题上来，什么才是解决充电难问题的终极大法呢?

电池，新能源汽车的心脏

自电动汽车面世以来，里程焦虑的话题就一直没有中断过。其中最被质疑的就是电池的续航能力和充电速度。电池技术发展到今天，虽然大家看到的电池形态还是以锂电池技术为主，实际上在技术线路上已经是多样化发展了。目前新技术主要解决的问题是安全、电池容量、使用寿命、充电速度和低温特性五个问题。不同技术线路会产生不同的电池产品，从而满足高中低端以及不同种类的车辆的续航、充电时间和工作环境的要求。

当然，技术的迭代更新是一个长期的过程，因此电池技术的提升也并不是解决电动汽车里程焦虑的终极答案，至少目前续航能力达到500公里左右的新能源汽车已经跟燃油车不相上下了。电池的技术也为电动车行业带来了巨大变革和多样性的发展，目前除了普通家用电动车，电动大巴等商务电动车也已经广泛应用到交通运输等各个行业中。解决充电难的另一个终极答案就是充电桩。

数字化城市的新能源管理

目前充电桩类型主要有三种：第一种，直流充电桩、交流充电桩和换电站。直流充电桩就是我们俗称的“快充”，它是与交流电网链接，可以为非车载电动汽车动力电池提供直流电源的供电装置，直接为电动汽车的动力电池充电。由于直流充电桩采用三相四线制供电，可以提供足够的功率，输出的电压和电流调整范围大，可以实现快充的要求，功率较大，充电速度较快，故一般安装在高速公路旁的充电站。第二种，交流充电桩俗称“慢充”，交流充电桩只提供电力输出，没有充电功能，需连接车载充电机为电动汽车充电。交流桩输出单相/三相交流电通过车载充电机转换成直流电给车载电池充电，功率一般较小，充电速度慢，故一般安装在小区停车场等地。第三种，部分品牌的电动汽车支持换电，就像手机换一块电池一样，不用等待充电。但是需要到专门的换电站，而换电站的数量目前远远少于充电桩的数量。

根据中国电动汽车充电基础设施促进联盟发布的数据，截止到2021年10月，全国公共充电桩保有量已达到106.2万台，其中上海市保有量为9.8万台，居全国第二，占比接近10%。作为一名上海的电动车车主，从日常出行来看还是能享受不少便利的，上海的电动汽车相关基础建设已经走在了全国的前列。

充电桩的建设已经持续很多年了，2006年国内建立了首个电动车充电站，2008年为了满足绿色奥运，建设了满足50辆电动车大巴需求的集中式充电站，2009年上海先行建设商业运营管理的充电站，到2015年国务院发布《关于加快电动汽车充电基础设施建设的指导意见》开始，充电桩建设进入了高速增长期。虽然目前建设规模并未达到2015年发布的指南中的建设目标，但整个行业已经开始进入规范化发展的良性循环，今年中央还将新能源汽车充电桩建设纳入了包括5G基站建设、特高压、高铁、城市轨道交通、人工智能、大数据中心、工业互联网在内的七大新基建领域。目前充电桩总体数量和电动汽车总体保有量的比例大概是1∶3，再加上因为早期建桩选址走过一些弯路，电动汽车的销量增长也在快速变化，关联引起汽车使用场景的一些变化，实际很多充电桩的有效利用率是不高的，但是在出行高峰大家现在还是会有充电桩难找、充电排队时间长等不好体验。新生事物的发展都是曲折向前的，像热搜中出现的高速5个小时充电的情况，也是难以避免的阵痛期。

上海的数字化城市转型建设可以为充电桩的规划选址和用户使用提供方便。以找桩难为例，可以采用高精地址来解决充电桩地库入口和充电站入口没有地址、无法导航的问题。以中电联CEC的信息交换标准为例，里面的详细地址是指整个充电站的详细地址，而充电站的入口以及地下车库入口距离这个地址有可能很远造成用户寻找充电桩困难，中电联CEC标准里面的站点引导和站点照片信息也无法直接作为类似地址的导航目的地。有一些第三方充电桩平台，花费了大量的成本制作充电桩路书，即道路指引文字配套照片来解决这个问题，但是长篇的路书对司机驾驶造成了干扰，一边驾驶，一边刷手机看路书造成了交通隐患。因此为城市的基础设施特别是充电桩的入口等使用高精地址，可以解决这个问题，它精确到3米并可以作为导航的目的地，以及方便的语音录入，可以解决用户寻找充电桩的体验，提高电动汽车的驾驶安全性。

同时采用高精地址来采集基础设施位置数据，把充电站的入口和每个充电桩详细信息同其他交通设施记录到“一张地图”上，并且同电动汽车用户分布、电力供应分布进行交叉对比，可以作为充电桩选址和规划的有效依据，更好地为上海数字化城市电动能源的战略和碳中和战略提供定量的分析能力和数据支持，防止盲目建设造成的浪费，并且更好地为用户服务。

中国能源结构调整的战略意义

2021年7月10日，在2021世界人工智能大会闭幕式上，上海市城市数字化转型工作领导小组办公室发布了《推进上海生活数字化转型 构建高品质数字生活行动方案（2021—2023年）》，提出要加快发展新能源汽车，形成动力电池、驱动电机、电控及燃料电池电堆系统等关键总成的产业链条，加快燃料电池汽车推广应用，到2025年本地新能源汽车产值占汽车行业比重达到35%以上。要加快布设新型充电基础设施和智能电网设施，到2025年新建20万个充电桩、45个出租车充电示范站，推进加强智能电网、加氢站、智慧燃气体系建设。

新能源汽车是全球汽车产业转型升级、绿色发展的主要方向，也是我国汽车产业高质量发展的战略选择。大力发展新能源汽车，逐步降低对石油的依赖性，摆脱国际石油的控制，对整个国家的能源安全具有重要且深远的战略意义。传统的汽油车的产业链的高端已经被传统强国例如德国和美国把持，特别在现今国际大环境下，中国继续向产业链高端爬升的成本异常高。而电动汽车不同，中国掌握着电池的全产业链的核心技术，处于世界领先水平，通过电动车产业的发展，能够带动中国汽车工业的产业升级。目前我国新能源汽车产销量连续五年居全球首位，新能源汽车已经成为我国经济社会发展的新动能之一。进一步突破技术难题，全面推广新能源汽车，继续推进基础设施建设，在不久的未来，我们也会建立起自己的科技护城河，走向科技强国之路。

17 机器人可以把外卖和包裹直接送到我家吗

中国的电子商务发展迅速催生了物流配送的迅猛发展，2021年上半年，全国快递服务企业业务量累计完成493.9亿件，同比增长45.8%；2021年6月份，全国快递服务企业业务量完成97.4亿件，同比增长30.4%。中国物流做到了领先全球，提供了低成本、快速高效的物流服务，其速度远高于欧美和其他地区的同类服务，价格却只有欧美地区的几分之一，特别是长三角的“江浙沪包邮区”，其效率更是领先全国，上海作为江浙沪的核心，一直是整个物流最发达的地区之一，上海居民享受到了全国领先的物流服务。

物流行业也有一些新的趋势。首先是2017年后随着行业增长放缓，原来由需求推动资本扩张增长模式逐渐增加了技术创新带来的增长比例。其次是随着人口老龄化，劳动力人口的不断减少，自动化的物流技术必然成为趋势。因此物流相关的技术迅猛发展，例如流程管理自动化，以及以机器人为代表的仓库分拣机器人等技术被广泛应用于物流行业，但是在整个物流环节中的末端配送环节是最迫切需要自动化但却是最难的部分。

长期以来，末端配送作为整个物流链条中成本最高、效率最低、污染最严重的“最后一公里”，一直是配送环节效率的瓶颈。这一环节往往无法单纯依靠车辆运输实现，有时还需面对道路的复杂性，末端配送环节在成本和时间上的花费占到整个配送作业比例很高。因此，如何有效提升“最后一公里”的运作效率，对于物流企业乃至社会发展至关重要，解决这个问题主要依靠无人配送技术的发展。

什么是无人配送

无人配送是指物品流通环节中没有或是少量人工参与，用机器人替代人工或者人机协作的配送方式，达到提高效率、减少成本的目的。说到无人配送，大家第一时间想到的场景可能是快递和外卖，其实它的可应用场景非常广泛，还包括零售、商超便利、生鲜宅配、物流冷链等。虽然都是配送的场景，以上这些场景之间还是有所区别，我们按照距离范围来分，可以分为三类：

（1）10 ~ 100 米：酒店、写字楼、商场等场景。该范围多为室内环境，人员流动大、环境相对多变，对机器人的性能要求较高。

（2）100 ~ 1 000 米：社区、园区等场景。该范围多为室外环境，相比于室内环境，光线强度变化较大，环境复杂度更高、路况更复杂。

（3）1 000 米以上：符合自动驾驶场景等室外环境。

无人配送的应用场景

以室内配送为例，室内配送的设备主要是配送机器人，机器人配送在 KTV、写字楼、酒店、医院、餐厅等场所都有所应用，其中在餐厅的使用最为广泛，曾经一度出现过不少以送餐机器人为噱头的网红餐厅，引起了很多市民好奇前往就餐。室内配送机器人目前在无人配送领域内技术是相对比较成熟的，涉及的技术也相对简单一点，主要有移动导航、运动控制、感知交互（视觉、语音）等。但因为不同业务场景之间互相有区别，所以怎样合理利用新技术，真正发挥出人和机器各自应有的价值，真正实现完全的商业化落地，是配送机器人依然要面对的挑战。同时在提高机器灵敏度方面，运动控制、感知交互技术依然有很大的提升空间。配送机器人的发明绝不是为了全面取代人类，而是资源的合理分配和高效利用。

在室外配送的场景里面，主要使用的设备是无人车配送和无人机配送。最早提出无人配送方案的是亚马逊，早在 2013 年它就提出了无人机送货计划，直到三年后才成功开发出快递无人机 Prime Air 并送出第一个订单。2014 年英国和美国的无人配送车创业公司推出了全自动无人配送车产品，现在已经可以在绝大多数城市内的地面道路上行驶。国内的无人配送起步稍晚于国外，但由于我们有着市场规模的优势，整个行业发展的速度也是非常快。目前国内已有企业自主研发的无人配送车完成单日最高配送380单的成绩。

无人车配送是无人驾驶技术的具体应用，其核心技术主要是四个模块：车辆定位、环境感知、路径规划决策和车辆控制执行。与家用自动驾驶汽车不同的是，无人车配送的规模化应用落地需要有一个关键技术的突破，即大规模人机协同配送的智能调度系统。不同的无人车配送公司针对物流配送这一需求开发出了具有配送功能的无人车。从技术上来说，虽然无人驾驶技术离完全成熟还有很远的距离，但无人配送场景有“小、轻、慢、物”的特点，对无人驾驶技术的可靠性要求相对较低，无人配送可以帮助无人驾驶技术快速落地。像无人清扫车、无人零售车都是在配送功能基础上所做出的新场景的尝试。

无人机配送区别于无人车配送，在场景上主要是针对具有即时性、计划性和特殊性的配送市场，以及像偏远山区等一些路况不是很好的地区的物流配送。无人机的核心技术主要有两个部分，飞控系统和避障技术。飞控系统是无人机完成起飞、空中飞行、执行任务和返场回收等整个飞行过程的核心系统，对于无人机而言相当于驾驶员的作用，也是无人机最核心的技术之一。避障系统是促使配送无人机在自动飞行过程中遇到障碍物的时候，能通过自动提前识别，有效规避障碍物，以保证货物安全。

因为无人机在配送过程中具有直线行走、垂直起降、空中悬停等技术优势，在配送过程中小巧灵活，能够智能调度，不受交通地形限制，可直线投递，已受到越来越多的物流企业的青睐。在崎岖山区或者拥堵的城市，无人机不受地形和交通状况束缚，能减少派送过程的时间迟滞，也能提前预约进行物品配送，如定时送报纸等，还能在一些特殊应急场合快速灵活地执行派送任务，如医疗物资和仪器的投递，救灾时的救援物资投递等。在2020年初抗击新冠肺炎疫情期间，无人机配送也展现了其避免人员接触、防止交叉感染的优势，在全国驰援武汉的医护大军到达之前，无人机就已经为金银潭医院运输了19架次的防疫物资，总载重70公斤，所运输物资均为紧急医疗物资。在防疫趋近常态化的环境之下，无接触物流已经成为未来的新趋势。

无人配送现存的问题

无人车配送存在着三方面的问题。首先是技术层面，非实时操作系统带来的安全性隐患；决策规划和运动控制技术还不足以满足市场多样化、个性化的需求；车辆稳定性还需进一步提高；市场需求不一导致缺乏系统化、标准化的通用设备及装置，从而提高了制造成本。其次是法律层面，无人配送的大规模应用仍需要很多配套的法律、法规和标准等支持，例如无人配送车可以在哪些道路上行驶？ 无人配送车辆是否需要上牌？如果车辆涉及事故或交通违规，谁是事故责任人？目前，上海已经出台了相关法律法规，并且在局部地区开放了道路测试。最后是应用场景层面，无人配送车仍为低速配送，在很多场景还无法落地使用。无人车配送仍无法实现真正的无人，需要人机协作共同完成配送。

无人机配送存在四个问题。首先是技术层面，无人机电池时长、负载和避障技术目前在有些场景下无法达到要求。其次是应用层面，无人机配送目前主要应用于即时性需求高且交通不便的场景，如医疗应急物资配送，在其他场景下应用受限。然后是法律层面，无人机低空飞行的政策法规不完善。最后是安全层面，无人机自身飞行的安全问题、无人机所承载商品的安全问题、无人机配送航线安全问题以及公众自身财产、信息安全等一系列问题。

室内自动配送相对比较成熟，但是也存在三方面的问题。首先是技术方面，机器灵敏度和用户体验方面仍有不足，需要运动控制、感知交互技术的提升。其次是应用层面，除了餐厅的餐食配送有一定规模的应用，真正形成大规模使用的场景并不多。最后是运维方面，在产品推广前期，由于没有形成规模化、批量化的供应链体系，运维成本相对高昂。

疫情之下，旨在解决“最后一公里”末端配送问题的无人配送公司先后加入这场“战疫”，无人配送车、配送无人机、配送机器人轮番上阵，在疫情最危险的地方代替人工解决疫情中面临的种种问题。无人配送承载着众人的期待，再一次回到大家的视野中。对无人配送的期待和好奇，从学术界、工业界往末端市场蔓延。

现在虽然已经有不少公司完成了自动驾驶机器人在实际的开放道路上驾驶的道路测试，并取得了不错的成绩，但目前在配送流程中仍然需要安全员跟车和人工配送员的辅助配送，距离真正可以替代人工还有很长的路要走。

无人配送的未来

目前无人配送的三个领域，只有室内配送已经形成相对成熟的方案，其他两个领域距离实际大规模应用还存在差距。只有解决上述两个领域存在的一系列问题，才能突破障碍，让无人配送能够真正为广大人民服务。

在2015年7月，国务院就发布了《关于积极推进“互联网+”行动的指导意见》，其中“互联网+”11项重点行动中包括“互联网+”高效物流、“互联网+”人工智能，2016年和2017年发布两个规划文件，明确包括研发智能机器人的规划，到2020年人工智能总体技术和应用与世界先进水平同步。这一目标现在已经基本实现了。2018年，由北京市政府牵头，联合智能交通产业联盟和多家行业龙头企业一起发布了《服务型电动自动行驶轮式车技术要求》团体标准，该标准首次为无人配送车设置了技术标杆，也为配送机器人、轮式送餐车的应用落地和监管管理提供了参考依据。2019年民航局发布《关于同意扩大无人机物流配送应用试点范围的通知》，为无人机配送的场景落地进一步提供了政策支持，同年中国民用机场协会发布《民用机场无人驾驶航空器系统检测系统通用技术要求》，该要求是我国民用机场业发布的首个团体标准，对民用机场无人驾驶航空器检测系统通用技术的适用范围、术语定义、通用技术要求以及安装部署条件都做出了详细的解释。

作为上海数字化转型的一个环节，上海市经信委在2020年发布的《上海市促进在线新经济发展行动方案（2020—2022年）》中明确提到，“无接触”配送是本市聚焦的12大发展重点之一，从指导性文件出台到具体标准的推出落地执行，还需要政府和企业之间更多的协同努力。在数据层面，协助各个不同的无人配送公司打通数据共享，共同发展。例如制定城市级别高精地址体系，开放道路无人车道路测试数据集共享，园区小区内道路数据集共享等，无人配送和传统配送的数据打通等，实现无人和人工配送协同发展，无人配送能够应对突发紧急情况等。在政策层面，为相关的行业制定规则，完善法律，帮助发展，为上海数字化转型下的无人配送落地创造条件。也许不久的未来，我们真的可以在家点一份外卖，半小时后无人机带着外卖飞到窗前并请求为服务打分；大街上外形可爱行驶有序的无人物流车来回穿梭，快递小哥不用再危险疾驰，而是在室内做安全的分拣配送辅助工作，真正让人和机器都得到最合理最有效率的安排利用。

18 便捷医疗的“上海方案”

上海老百姓看病就医真的方便了

“现在节省了很多时间，只需要就医时略微等一会，其余的挂号、化验以及取药，都不用排队。”“在病区里就可以完成住院费用结算，又快又省力，不需要再拖着病体去排长队啦！”“如果早知道有互联网医院这么好的东西，我根本不会拖延时间看病，引来这么多麻烦。”“只要在手机上绑定医保卡，在仁济医院直接扫手机就可以进行医保支付了，非常方便！”“在上海看完病以后付款就像便利店购物一样方便，用支付宝、微信都可以直接付款，不用像以前要去窗口排队，拿现金还要找零，太帮老百姓节约时间了。”这些都是上海市民最真实的感受和反馈，也代表了上海市推进医疗机构业务流程革命性再造的成果。

在五年前，去一个三甲医院看病需要排队导诊、排队付挂号费、排队候诊、排队付钱、排队做各种验血拍片，再排队付费、排队取药……那时候在大家的记忆里，去三甲医院看一次门诊至少花三个小时，细细算来真正看病也就半小时，其他时间基本都花在排队上了。

数字化赋能“上海便捷就医服务”

上海市政府为了解决市民挂号难、缴费慢、排队烦的核心问题，从2020年6月16日发布《关于印发上海市医疗付费“一件事”业务流程再造工作方案的通知》到2021年6月4日制定《上海市“便捷就医服务”数字化转型工作方案》，提出要把握好数字化转型过程中“流程再造和智慧创新”要点，让百姓切实感受数字化转型后就医体验等工作要求，加快推进本市各级医疗机构数字化转型工作，于2021年9月底前全市60%的医疗机构完成“便民就医服务”数字化转型场景建设，于2021年10月至2021年12月期间在全市推广普及重点推广场景，全市各级公立医疗机构须全面完成“便捷就医服务”数字化转型工作任务。

便捷医疗的“上海方案”，就是要充分利用数字化技术，依托国家“医保电子凭证”，结合“随申码”应用，为市民提供“多码合一”的亮码就医便捷服务。彻底改变患者在就医过程中需要不断往返排队付费的痛苦经历。实现了无感信用支付，为医疗付费“减环节”“减时间”，减少候诊排队时间平均45分钟以上。打造信用就医“一次都不排”的上海模式，拓展门诊、急诊、住院“全环节”的脱卡支付范围。让“让数据多跑路，群众少跑腿”确实体现在基本医保费用报销结算、门诊大病登记等事项的“一件事一次办”上。医疗费报销，所需的材料从改革前的44份压缩到了现在的12份，4项核验缩减到了1项。原本要历经30天审批，至少跑4次腿，也通过一次申请同步办理，优化审批流程，压缩到14天，无需跑腿。

老百姓看似简单的一个随申码，背后隐含着巨大的工作量，不仅仅是医保信息，还要将个人信息、银行信息等整合到一个码里，绝非一件易事，但既然上海把这项工作作为2020年深化“一网通办”改革重点任务，上海市卫健委在这项任务上付出了极大的努力。首先，“成熟一家上一批、走稳一步跨一大步”，选取6个区和11家市级医疗机构首批试点。截止到2021年5月，全市超过800万参保人员申领和激活医保电子凭证，超过800家医保定点药店实现医保电子凭证上线应用，2021年9月将实现医保定点药店全覆盖，为看病就医提供更多便利。如今，已有40余个医保服务事项接入“一网通办”，过去一年里，全市医保“一网通办”办件数超300万件，其中“全程网办”近15万件。

老百姓看病就医除了“挂号难、缴费慢、排队烦”以外，日常购置药品也是一笔不小的开支，药房里的药品品种繁多，同一种药效的药品还要分不同品牌，那么老百姓最想知道的就是哪些药品在医保范围内？于2020年印发的《国家基本医疗保险、工伤保险和生育保险药品目录（2020年）》对所有的药品目录做了详细的定义，在上海，确定了微信、支付宝等19个地方应用推广渠道配合“随申办”，让老百姓只要打开“随申办”，就可以查询到医保范围内的药品，切实解决了老百姓日常用药的医保问题。

儿童看病也是父母特别关心的话题，目前国家“医保电子凭证”还无法支持儿童使用支付功能，但上海针对这个难点，研究出了通过“随申办”里的“亲属随申码”，解决上海儿童患者医保电子码的申领和使用，实现了在全国首创儿童医保电子凭证的“上海方案”，实现了全年龄段的整体覆盖。

随申码解决了线下的便捷就医问题，那如果没带医保卡是否也能进行医保结算呢？身为上海市民，大家发现在就医方面还有一项重大的变化，就是以前大家都要去医院挂号，但现在直接通过手机、微信就可以在各大医院完成线上预约和挂号支付，甚至上海的各大医院还陆续推出了线上问诊、线上专家咨询等，直接线上就诊，线上付费，这又是怎么实现的呢？

上海的医疗付费“一件事”工作主要基于国家医疗保障局的“医保电子凭证”，使就医群众只需要通过一部手机、一个随申办移动端应用，就能够更快捷、更便利地完成原先依托“实体医保卡”才可完成的挂号结算、药品及检验检查等费用结算，彻底省去患者付费排队环节。上海充分应用市大数据中心“随申办”移动端统一基础平台能力，打造医疗就医电子凭证的认证、授权与使用入口、提供签约“信用就医无感支付”渠道、为各级医疗机构提供“随申办”移动端服务能力，实现基于信用的无感支付服务。随着医疗付费“一件事”的逐步完善和拓展，就医患者就可以在没带医保卡的情况下，通过“随申办”移动端的医疗付费“一件事”总入口访问全市所有公立医疗机构的线上服务专栏，并使用医保电子凭证就医。同时，利用“随申办”的支付宝、微信小程序渠道，将同步开通相关服务入口，做到移动端服务支付渠道的全覆盖。

患者在挂号、就医、付费整个过程中只需要出示其“医保电子凭证”（随申码），医院就能通过信息化系统在整个就医过程中自动发起基于信用的无感支付服务，发生医疗费用的医保部分实时结算、自费部分由签约绑定的信用账户进行自动支付，患者在整个过程中均无须做任何支付动作，极大提升了患者的医疗服务体验和便捷性。

在5G、大数据、人工智能等数字化技术的全面赋能下，通过医疗付费“一件事”的全面实施，一是实现了市民就医“减环节”，通过医疗付费流程的改造，业务流程环节的整合，患者付费环节由目前至少3个环节减少到0，实现医疗付费零排队；二是实现了就医付费“减时间”，通过线上线下付费环节的融合，减少患者排队等候时间，预计减少候诊排队时间平均45分钟以上。

上海便捷医疗数字化转型未来展望

代际数字鸿沟将是一项持久挑战，老年群体获取数字医疗服务的权益也不容忽视。上海同样非常重视老年人的就医体验和服务，根据2021年7月19日印发的《便利老年人就医实施方案》，到2022年底，通过完善医疗机构各项制度措施、优化老年人就医流程、提供老年友善服务等具体工作举措，进一步改善老年人就医体验，提升老年人就医满意度。通过落实建立预检专属通道、提供多渠道挂号服务、优化线上线下服务流程、建立便利的配药服务、开展老年综合评估服务、推行医务社工及志愿者服务、构建适老化就医环境等任务贯彻“人民城市人民建，人民城市为人民”重要理念，聚焦老年人就医需求。

在疫情防控常态化下，实体医院纷纷开始建设互联网医院，在线咨询，常见病复诊，药品快递到家，这些为满足人民生命健康需求而打造的便捷、无接触的线上医院在上海已经有 37 家。从最初王牌科室简单平移上线，到融合线上线下一体化诊疗需求，再到不断提升人性化功能模块，短短一年间，各大医院下足“绣花”功夫，精打细磨互联网医院的软实力。

互联网医院的出现，不但打破了医患空间的局限，拓展了医疗服务的空间，更可提升医疗服务的效率。未来，应用互联网等信息技术拓展医疗服务空间和内容，将构建覆盖诊前、诊中、诊后的线上线下一体化医疗服务模式。为患者提供更高质量的医疗服务、带来更好的线上就医服务体验，未来互联网医院终将使患者在家看病成为现实！

便捷就医服务数字化转型是生活数字化转型的重要环节。上海还会继续为构建优质高效的医疗卫生服务体系，打造数字赋能健康城区一体化发展，实现区域优质医疗资源持续整合和区域医疗服务能级提升，推动就诊服务、医生诊疗、内部管理等方面智慧化应用，打造有别于传统智慧医院的“未来医院”示范中心，探索二大亮点项目创新建设，目标是于 2022 年 12 月前完成亮点创新场景建设。

其中，第一大亮点项目是构建数字健康城区，创新智慧医疗城区一体化，支撑长三角一体化优质医疗资源整合。将数字化技术创新赋能区域医疗服务能力提升与范围拓展，完善运营服务与管理体系，加速优质医疗服务下沉，打通居民与优质医疗资源的最后一公里。

第二大亮点项目是优选有代表性的医疗机构，以患者为中心，推动数字化与智能化应用，力争打造“未来医院”。通过两年时间，构建全面支撑 5G 通信基础环境，部署一批智能终端和国产智能医疗器械设备，推动就诊服务、医生诊疗、应急急救、内部管理等各环节形成智慧化应用，力争打造有别于传统智慧医院的“未来医院”创新示范院区。

19 机器人和自动化技术对日常生活有什么影响

2021年3月24日中午，闵行一辆移动预防接种车开进了浦江镇临港园区，为附近企业员工提供新冠肺炎疫苗免费接种服务。这是沪上首辆移动预防接种车，将为老百姓接种新冠疫苗提供便利。它配备了多项硬核技术。采样环节不用人而用机器人。机械手从检测车的窗口伸出来，采集咽拭子后，自动送入车内的快速病毒灭活仪。在车内配备的最新的芯片实验室中，只需要半小时就能进行快速检测。随后，5G通信系统将快速报送检测结果，检测结果会自动发送到疾控中心、应急办公室部门等。机器人和自动化技术的应用避免了人为原因带来的数据错报、缓报、漏报。

生活中还有哪些自动化和机器人

自动化意味着使用计算机软件、机器或其他技术来完成一项由人类工作者完成的任务。有许多类型的自动化，从完全机械到完全虚拟，从非常简单到非常复杂。

自动化的发展速度已经让我们的生活处处都离不开它，从家家户户都有全自动照相机、洗衣机、电饭煲到日常生活随处可见的自动取款机、红绿灯等，从大型的无人工厂、无人飞机到新冠肺炎疫情期间的自动检测车等。机器人的应用在生活和生产中就更为普遍了，工业制造离不开机械臂，餐厅运营需要送餐机器人，居家生活有了扫地机器人……以前都只有在电影大片里才能看到的机器人，正逐渐融入人们的生活。

看看现在的汽车制造厂，冲压、焊接、喷涂、装配，从原料库房到总装车间，到处都有机器人的身影。防疫期间，服务机器人无接触配送、引导服务的特性也在复工复产过程中发挥了重要作用。在人工智能技术的赋能下，特斯拉都宣称自己不是一家汽车公司，而是一家机器人公司，将汽车“转型”为兼顾自动驾驶、智能助理、忠诚陪伴和自我学习等多场景服务的“车型机器人”智慧体，为机器人在汽车产业落地发展提供了一条新路径。

机器人自动化改变老百姓在工作中的体验

机器人和自动化已经不是什么新鲜事物了，大数据、人工智能、边缘计算等最新的技术正在将机器可能做到的事情推向极致。应用好机器人和自动化技术能很好地保证工作质量，避免一些人为错误。特别是在提升客户的满意度、提升交付体系的效率、降低制造成本方面表现尤为突出。

那么机器人流程自动化是怎样改变千万人的工作方式呢？

第一，避免了人在从事危险工作时受伤。

我们拿高压电线维修工来举例，在没有机器人之前，他们就面临着很多的问题和麻烦。社会上经常会发生一些工人因为高压电而去世的新闻，与此同时，维修高压线的工人也会遇到各种各样的麻烦。如果我们能避免工人直接维修高压线，或许可以避免许多悲剧的发生。针对这些问题，相关部门和科学家特意制造出了带电工作的机器人。这种机器人可以代替人工，既解放了维修工人的双手，又能保障整个维修过程正常进行。

第二，避免了人在重复性的工作中犯错。

是人就会有累的时候，就会有犯错误的时候，特别是在长时间多次执行相同任务的过程中，任何人都很难保证交付完全一致的产品。比如人工焊接时，焊接速度、焊丝伸长等都是变化的，因此很难做到质量的一致性。但机器人就有所不同，比如焊接机器人在焊接过程中，只要设置一定的焊接参数和运动轨迹，就会精确重复此动作，因而焊缝质量受人的因素影响较小，降低了对工人操作技术的要求，焊接质量得以稳定，从而保证了产品的质量。在制造过程中保证标准质量水平，毫无疑问是中国制造业必须提高自动化技术水平的关键原因。

第三，解决了人员频繁流动的培训管理难题。

如果没有机器人，汽车行业的发展将会很困难，并且生产成本会不断上涨。为什么？因为工作人员从入职、培训到操作熟练需要时间，企业需要付出大量的培训成本和管理成本；而同时，哪一个工人会想在同一条流水线上重复执行相同的动作，一做就是几十年？这也是为什么现在制造业的员工流失率处在了历史最高点的原因。另外，工人由于重复工作造成的伤害导致无法继续工作，被迫退休，不仅对员工本身带来了巨大的伤害，对企业来讲，也会导致诸多不可控因素。

第四，减轻了办公室文员处理日常事务的负担。

RPA 即机器人流程自动化或者流程自动化机器人，但此机器人非彼机器人，RPA 是基于特定脚本，由机器人替代人工执行大批量、重复性的电脑操作，以实现流程自动化的软件产品和技术。因此，称之为机器人流程或数字化员工更合适。比如财务机器人，实现了从销售至收款、采购至应付、员工费用报销、存货与成本、资产核算、总账与报告、资金结算等流程的自动化，最大限度实现企业财务流程的高效运转，以及财务运行成本的降低。又比如人事机器人，帮助人事经理自动化完成从简历收集、筛选到预约面试的流程，极大提高了筛选效率，原来若干天的工作，现在几分钟即可完成，且准确率高达 100%。这样的例子在 IT 服务、医保对账、订单核对等领域都有着非常广泛的应用。与各个部门协作完成复杂的业务需求，提高效率，保证质量，这就是企业数字化变革的有利切入点。

因此，我们就是处于这样一个机器和自动化对传统制造产业进行大改造的时代，各种设备都在不断地和互联网相连，业务流程的效率在逐渐提升。同时，机器人、流程自动化帮人们减轻了例行事务的负担，把人们从重复性的工作中解放了出来，精简了后勤部门的工作，为企业物联网的融合做好了更充分的准备。科技创新技术对传统制造产业的改变势在必行。

机器人自动化既是挑战更是机遇

与此同时，伴随着数字化、人工智能时代的开启，越来越多的人不得不担心机器人、自动化技术会在很多产业领域取代人的工作，从而导致大量的老百姓失业，那我们老百姓又该如何应对产业的发展和机器人自动化所带来的就业冲击呢?

首先我们从机器产生以来的历史来看，机器人和自动化并不能完全取代人工。从一个角度看，虽然机器擅长于完成有流程的、规范化的工作，但是机器缺乏的是判断、决策、沟通及创造能力，这些都是只有人类才具备的能力；另一个角度，机器人和自动化在逐步替换人的同时，必然会产生与机器人和自动化有关的新兴产业和就业岗位，以促使整合产业结构和就业结构的不断发展。就从智能制造这一技术领域来看，中国的行业人才缺乏已成为制约智能制造发展的重要瓶颈。据数据分析预测，到 2025 年，智能制造领域人才需求 900 万人，人才缺口 450 万人。因此我们说智能制造当前及未来一个时期的重要任务，就是为智能制造产业输送“顶梁柱”式人才——智能制造工程技术人员，以促进中国制造真正实现转型升级。

其次，随着机器人和自动化在制造业的大面积应用，其所创造的工作机会将比失去的更多。例如，为诊断扫描结果进行标注并结合医生对于患者的诊断不断优化人工智能算法，以便在未来的诊断中自动化地确定合适的治疗方案。在其他领域，具有重复性任务的工作可能会转向一个新的模式，即需要更多的人才管理自动化系统并对其进行故障排除。在零售商亚马逊那里，以前负责搬运和堆放物品的员工如今正成为机器人操作员，监控自动化手臂并解决物品流转中断等问题。

老百姓确实面临巨大的职业化挑战，虽然我们预计，2030 年将有很多工作岗位，足以确保充分就业，但与自动化和人工智能的采用同时发生的转变将变得非常重要。职业组合将发生变化，技能和教育需求也将发生变化。工作必须得到重新调整，从而确保人类可以更高效地与机器协作。

机器人自动化的未来展望

正如人类从农业时代迈向了工业时代一样，现在科技的发展正在带领大家走向人工智能的时代。在未来人工智能的时代，自动化将成为人类发展的主轴产业，成为推动人类经济发展的核心力量，自动化产业将极大提升经济生产效率，自动化技术将给人类生活质量带来极大的提升。自动化产业经济不会像人们担心的那样，减少人类的工作岗位、压缩人类的生存空间。相反，在大数据和人工智能等科技的相辅相成下，自动化产业可以更好地协助人类做出全面决策，帮助人类拓宽生存空间，使得自动化产业在数字经济中发挥更大价值。自动化产业能够使得更多人可以从事他们喜欢的行业，上海城市数字化转型的与众不同之处就在于处处强调“以人为本”，自动化产业本身就是为人服务的行业，因人而生，也因人而灭，唯有让每个人都能清楚认识到自动化和机器人与人类高效协同的社会价值，机器化自动生产才不会成为发展的阻力，那才是皆大欢喜的结局。

20 玩转申城，能“云游”吗

早上六点起床后，边锻炼身体边打开上海文化和旅游局的“乐游上海”微信公众号，在微信公众号的下方，有玩转申城、文旅申话、文旅服务三个板块。

到了吃早餐时间，可以点击城市微旅行中的上海老字号，进入上海老字号美食系列，去沧浪亭吃一碗面，不胜美味。吃完了沧浪亭的面，进行“云游”，点击“文旅速递”，打开文旅速递的短视频，可以尽情欣赏上海的非物质文化遗产：（1）感受石库门和老式弄堂的上海风情；（2）去大世界追寻十里洋场、百年记忆，体验扎制彩灯；（3）打卡老正兴菜馆、百年老牌本帮菜；（4）游览上海笔墨博物馆；（5）品尝沈大成中华老字号糕团；（6）蔡同德堂，国药老字号，传承缕缕药香；（7）逛湖心亭，在上海第一茶楼品茗赏景；（8）看西洋镜，体验老上海街头娱乐活动；（9）品尝皮薄馅丰的南翔馒头，尽享舌尖美味；（10）逛豫园商城，徜徉经典与现代相结合的灯海。

看完了非遗之旅的短视频，中午时分忽然很想去云游石库门，进入微游打卡的搜索界面输入“石库门”，就看到了石库门的相关介绍。在企业文化云中，对上海的风土人情、博物馆、图书馆进行云游，足不出户感受诗和远方，去到那些自己期望已久却因为种种原因无法亲身抵达的地方，也避免了亲身前往要面对的“人山人海”，尤其是那些只能人挤人、人看人的“著名景点”。

“云游”上海——打造国际数字旅游之都的相关政策

旅游是促进人文交流、增进理解和友谊的最好方式。旅游是拉动经济的重要动力，是衡量人民生活水平的重要指标。为了大力发展和促进上海旅游业的发展，未来五年把上海建设成高品质世界著名旅游城市，2021 年 6 月 22 日上海市发布《“十四五”时期深化世界著名旅游城市建设规划》，此规划的发展目标是“一梁四柱”。

《“十四五”时期深化世界著名旅游城市建设规划》的主要任务中指出：推进旅游数字化转型，大力发展新经济。

（1）全方位打造旅游数字新场景，制定实施数字景区、数字酒店、数字博物馆，建设评价标准，引导旅游景区普及电子地图等智慧化服务，推动旅游信息基础设施升级，鼓励开展各类旅游在线节庆、赛事和展会。

（2）全链条培育旅游数字新业态，支撑在线旅游，直播云游、智慧文博等新业态、孵化若干具有较高传播力和影响力的旅游品牌，提升“云上旅游”运营能级，推进乡村旅游资源和产品数字化建设。

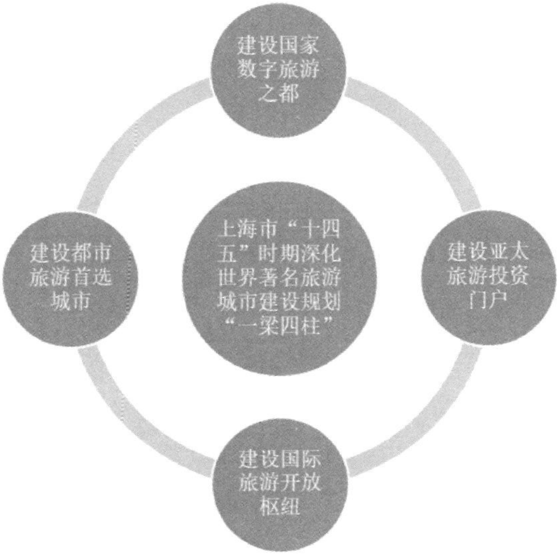

《“十四五”时期深化世界著名旅游城市建设规划》
发展目标的“一梁四柱”

（3）全数据赋能旅游治理和服务新模式。加快培育旅游新治理力、生产力。搭建“轻量化、集中化、共享化”的旅游治理和服务中枢，建设“乐游上海”文旅线上门户，打造“随身码·文旅”公共服务平台。

（4）搭建志愿型“微平台”参与体系。形成讲解服务平台、文明旅游宣传平台、旅游建议征询平台、旅游就业创业平台等志愿型“微平台”参与体系。

（5）提供更多高品质“家门口好去处”。构成城市“15 分钟”旅游圈，形成城市微旅行产品体系，打造宜游、宜乐、宜购、宜学城市商旅融合综合体。实现旅游信息服务社区全覆盖。

在《“十四五”时期深化世界著名旅游城市建设规划》中的上

海市“十四五”旅游高峰工程提出，要搭建旅游资源要素交易平台、高端旅游人才培养平台、全球旅游智库平台、国际营销合作平台等四大功能性平台。上海致力于打造国际数字旅游之都，并成为世界品质的旅游城市。

2021年6月17日，市文化旅游局、市发展改革委、市财政局、市人力资源社会保障局、市地方金融监督管理局、国家税务总局上海局、市总工会等部门联合召开新闻发布会。会上，发布了《关于支持上海旅游业提质增能的若干措施》（以下简称“新12条”）。这是上海2020年发布《关于上海市全力防控疫情支持服务旅游企业平稳健康发展若干政策措施》后，再次推出支持旅游行业发展的政策。“新12条”将重点支持建设“一码畅游”“便捷入住”等数字旅游项目，引导旅游企业普及电子地图、语音导览等智慧化服务，打造旅游数字应用新场景，年内建成20个数字景区、600家数字酒店。支持在线旅游、直播云游、智慧文博等新业态、新模式发展壮大，积极培育数字旅游企业，全链条构建数字旅游新生态。

上海银行将以“银团”的方式为上海旅游高峰工程、重大旅游目的地建设提供“一站式”服务。市文化旅游局针对旅游小微企业，特别是旅行社小微企业占比大、轻资产运营、缺乏抵押资产、贷款申请难的问题，从扩大信贷支持覆盖面、受益面入手，引入政府性融资担保和再担保机构，对旅游市场主体实施增信服务，对符合上海中小微企业政策性融资担保基金重点支持类的旅游业经营主体，将由上海市中小微企业政策性融资担保基金管理中心予以优先支持。

疫情时代——加速上海数字化旅游的发展

（1）疫情时代，加速了上海数字文旅线上线下深度融合的步伐，数字文旅转型或迎来发展“窗口期”。

上海让预约游览、云观展、直播带货等文旅新业态持续火热，数字化已经成为疫情防控常态化下上海文旅业复苏的标配，上海数字文旅转型或迎来发展“窗口期”。如上海钟书阁等200多家知名书店在疫情期间开启了在线直播，书店店长带读者“云打卡”逛店。由上海市博物馆协会、中国联通上海市分公司、中共一大会址纪念馆联合主办的“红色起点再出发，初心使命永不忘”红色场馆系列5G直播活动于2021年7月1日起正式上线。集中华艺术宫、世博中心、梅赛德斯–奔驰文化中心、上海世博展览馆、上海宋城、世博文化公园（在建中）、东方体育中心等近20个世博地区文体旅地标和100多处VR云游场景的上海世博VR全域文旅地图在上海世博文化旅游推广平台·世博秀带直播间正式发布。

市科委向公众提供线上虚拟科普场馆互动体验和科普教育活动。目前已接入9家“云上科普馆”，分别是：东滩湿地公园、上海民防科普教育馆、上海昆虫博物馆、上海航空科普馆、复旦大学人体科学馆、上海电影博物馆、上海纺织博物馆、上海崇明生态科技馆、上海公安博物馆。

VR云游浦东是浦东“五心”文旅市场振兴计划和浦东全域旅游的重要组成部分，实现“不出家门、全域云游浦东”，并逐步从“线上全域云游”到“线下全域漫游”。近期推出的“五心地标”包括旅游景区（16个）、文体地标（13个）、商圈街区（7个）、标志性建筑（18个）、优秀历史建筑和名人故居（6个）、历史名镇（4个）、浦江东岸云桥（12个）以及新设的乐游移动驿站（5个），其中上海国际旅游度假区、临港新片区、浦江东岸等VR全域云游均为首次全貌式亮相。

继云游浦东上线发布后，新版云游浦东二维码将在浦东地标建筑上墙，游客在浦东景区、街区、商圈、驿站、建筑、文旅咨询服务中心等通过扫描二维码即可一键“云游浦东”，线上线下沉浸式阅读黄浦江两岸的百年变迁和浦东开发开放30年的巨变。

（2）上海热门文化旅游景点已普遍具备线上购票、预约、退票和在线咨询能力。如宝燕乐园、上海震旦博物馆、醉白池等景点。东方明珠、上海动物园和上海震旦博物馆成为2020年数字化能力提升最快的景点。上海动物园积极利用公众号和抖音等平台，通过线上直播等形式宣传，吸引了大量游客。

（3）借助旅游节和后疫情时代，进行旅游数字化转型创新。上海松江在第32届旅游节期间，开辟了3条微旅行线路、34项旅游节活动，玩转魅力松江。可跟随建筑大使微游松江、阅读建筑；穿上曼妙旗袍，探寻国潮文化；欣赏各大展览；参加游园活动；品尝当季地道美食……

2021年9月17日至10月6日，“秋季寻根　根深叶茂”2021年上海之根文化旅游节涵盖市级和区级五大板块共34项活动，推出城市微旅行线路、建筑可阅读直播、旅游惠民福利、寻找城市空间潮玩地、夜游好去处等特色文旅产品，助力上海旅游节，提升城市软实力。

（4）移动端入口普及，众多景点开通微信公众号，同时提供功能强大的微信小程序服务。如观复博物馆开发观复导览小程序，可以进行扫码讲解和即时导览，优化游览体验。景点更加注重用新技术对数字场景的打造，68% 的景点已经使用直播、VR 等新技术。如宝库匠心博物馆开设“宝库直播间”，上海欢乐谷、杜莎夫人蜡像馆等设有线上 VR 体验。

（5）在数字文旅管理上，“沪游码”帮助上海文旅疫后复苏和振兴。上海新推出的“沪游码”是集“远程预约”“无接触登记入场”“限流管控”“人员行动轨迹追溯”等功能于一体的管理服务平台，这是上海数字文旅管理上的一次创新。“无接触式服务”也将成为酒店行业的标配。借助数字化技术手段，刷脸开门、机器人服务等“无接触式服务”相继在国内酒店行业落地。红外热成像体温监测系统、智慧化售检票系统、大数据动态监测和控流等被越来越多的应用于景区管理。

上海“云旅游”——全面赋能城市美好生活与长三角一体化

（1）全面赋能城市美好生活。主客共享、便民惠民，策划“城市微旅行”线路，培育“建筑可阅读”产品，面向市民开放建筑 1 037 处，并为 2 437 处建筑设置解说二维码，推出 327 处建筑可阅读文创产品和87条建筑微旅行线路，开放105处文旅夜间场所，结合城市微更新推出50个“家门口的好去处”。

（2）推进长江游轮旅游，联手打造长江国际黄金旅游带。深入推进长三角旅游一体化高品质建设，共同编制长三角生态绿色一体化发展示范区文旅专项规划，联合成立长三角旅游推广联盟，推动上海旅游节进江苏、浙江、安徽，推进长三角旅游市场、旅游服务、旅游产品一体策划、拓展和提升，推出66条“高铁+景区门票”“高铁+酒店”长三角旅游线路。

（3）用数字化加精细化打造“小景点、大文化”。如占地只有五公顷的松江醉白池公园精心打造微信服务号，不仅有360度全景导览，还有融合了人文故事、园艺科普和线下活动的“掌上醉白”智慧服务，实现从线上种草到实地打卡的闭环。

（4）用数字化加人文关怀体现服务的国际水准。如上海世博会博物馆“智慧世博馆”导览小程序专门针对特殊人群研发无障碍辅助导览模式，运用“口述影像”重构导览词等方式，帮助盲人游客独立完成信息查阅和参观游览。

（5）用数据驱动实现线上线下融合。如东方明珠开放式自助售票取代人工售票，打通数据链，通过售票时赠送会员积分等方式为线下商场、餐厅和东方明珠微信商城成功引流。

（6）通过“平台+旅行达人+景区+商家+文旅部门”尝试联合通过高频次的视频直播、图文直播等方式，将最新、最具代入感的旅游玩乐体验展示给用户。

（7）“社群运营+直播”成为文旅行业新的获客方式。私域流量原本是社交电商领域的概念，疫情期间，这种玩法逐渐被引入文旅行业。经过多年累积，旅游企业沉淀了上万个社群，社群成员都有着较高的旅游诉求。

打造上海国际数字旅游之都——打造数字旅游新生态

上海依靠上海旅游节，多方位采用新技术，打造旅游新生态。

2021 年，上海举办第 32 届上海旅游节，旨在为广大市民和游客提供高品质的文旅体验。在数字化快速发展的今天，主办方也积极寻求突破，通过数字化科技手段呈现高质量的文旅产品、丰富的主题活动，打造沉浸式体验。该愿景与新国脉打造数字化、智慧化、信息化文旅融合平台这一发展定位不谋而合。本次旅游节，新国脉依托号百商旅数字文旅平台联合承办方共同精心策划，推出《跟着“乐乐”云游上海旅游节》主题活动，打造“云上”旅游节，为广大游客带来别样的精彩。

新国脉赋能“乐乐”数字化“云游”上海旅游节畅享元宇宙。数字文旅赋能“乐乐”数字化打造云上旅游节新玩法。游客可通过“云游上海”小程序参与“申城寻乐乐”，在 30 多个沪上知名景点 AR 扫码打卡，依托新国脉打造的 5G+AR 技术能力，让吉祥物“乐乐”在上海的元宇宙中“活起来”，将丰富的虚拟创意形象融入景点实地，畅想无限空间，体验 AR“乐乐”作向导，带您登顶“上海之巅”上海中心鸟瞰全城、阅读武康大楼的海派风情、品味浦东美术馆的前沿美学……感受畅游上海滩的全新乐趣。

数字文旅企业联合发起线上“乐游上海”，市文旅事业发展中心推出“听见美好，乐游上海旅游节”活动，联动全市各大郊野公园推出“走近郊野公园·城市微旅行”主题推广活动，联动苏河五区推出“漫游苏州河·城市微旅行”主题推广活动，联动五个新城推出“宝藏上海·五个新城”专栏活动，还有“爱在黄浦江·城市微旅行”主题推广活动。

东湖集团的上海旅游直播间推出旅游节花车“云直播”“长三角餐桌”文旅推介等展示活动；市旅游行业协会推出“云上旅游节玩转大上海”专题活动；号百商旅推出“跟着‘乐乐’云游上海旅游节”主题系列活动；东方网推出“百年薪火　时代文创”红色文创在线征集活动。

都市旅游卡推出“用脚步丈量申城”主题营销活动；携程推出“走进美好与欢乐”主题活动；美团推出“乐游上海·都市旅行潮玩季”“让世界爱上上海嗲味”线上专题活动；抖音推出“乐玩上海全攻略”系列活动；小红书推出“上海微旅行 野生代言人”线上征集活动；百度推出“宝藏上海·限定日志”活动；驴妈妈推出红色主题系列优惠活动；哔哩哔哩推出旅游节专题活动；腾讯推出“好看上海·云旅游”专栏系列活动；飞猪推出旅游节线上会场；达达集团推出“月满家园”主题活动。

此外，旅游节从多个方面来进行城市主题宣推活动，如联合《解放日报》推出“一江一河潮玩地”评选活动，对“一江一河”沿岸的网红打卡地、新潮去处、文艺休闲场所等进行发现和征集，集中展示“黄浦江　苏州河”公共空间贯通过程中，践行“人民城市”理念所取得的成就；联合《文汇报》推出“喜欢上海的理由”宣传活动，邀请生活和工作在上海的名人、文旅从业者分享各自心中上海的闪光点、为市民游客打造“可看、可玩、可亲”的文旅出游指南；联合《新民晚报》推出“家门口的好去处”评选活动，进行多平台、多渠道的宣传与呈现，从细节处挖掘上海“人民城市”的“密码”，持续提升市民的获得感和幸福感。

上海企业视 +AR 研发的基于增强现实技术的 AI 实景平台为旅游行业提供了革命性的交互新体验。该平台通过内部的基于立体视觉的显示引擎，把各种虚拟场景和现实环境相结合的三维图像和三维视频完美地展现在移动设备的屏幕上，从而让用户获得身临其境的沉浸感，听取景点背后的故事；可以进行虚拟场景互动，享受智慧化景区的便利和魅力；也可以通过实景引路，享受随时随地的私人导游服务。视 +AR 已经在全国各地落地了不少 AR 景区，社会反响很好。例如：2020 年正值“张闻天 120 周年诞辰”，受浦东新区文物保护管理所委托，视 +AR 研发并发布了全国首个 AR 小程序的红色旅游场景“张闻天故居 AR 游”，包括张闻天故居的 VR 全景游、AR 打卡收集碎片、AR 全息讲解和 AR 互动等，利用 AR 技术再现了张闻天同志更多的生平事迹，帮助游客更好地理解了红色文化，项目上线后得到很多访客和观众的肯定与支持，浦东新区文物保护管理所对该项目给予了高度评价。

视 +AR 可以同时全方位展示各大旅游景点、酒店、特色文化资讯，让游客沉浸地感受上海旅游文化，凸显景区、文博场馆、星级酒店、地标建筑等多角度、深层次的意涵，吸引更多年轻人参与旅游节，提升旅游节的科技感。

发展与未来创新——传播海派文化和中国文化

首先，旅游业对经济发展的综合贡献不断提升。2019 年，全市旅游总收入突破 5 522 亿元，旅游产业增加值占全市国内生产总值（GDP）的比重超过 6%。受新冠肺炎疫情影响，2020 年上海接待国内游客 2.36 亿人次，国内旅游收入 2 809.5 亿元，分别恢复到 2019 年的 65.3%、58.7%，复苏幅度分别比全国平均水平高 17.4 和 19.7 个百分点。2021 年上半年，上海接待国内游客 1.44 亿人次，收入 1 724 亿元，分别比 2020 年增长 55%、69%，恢复至 2019 年同期的 83%、78%，复苏幅度分别比全国平均水平高 6 和 8 个百分点。

其次，旅游供给更加丰富。上海是中国历史文化名城，有 A 级旅游景区 130 家、国家历史文化名镇 11 个、不可移动文物 3 449 处、优秀历史建筑 1 058 处、历史风貌保护区 44 片；有博物馆 153 家、美术馆 94 家、剧院和演艺新空间 217 家（其中剧院 137 家）、电影院 385 家约 2 400 块银幕。“红色旅游”“建筑可阅读”“黄浦江旅游”“上海国际旅游度假区”“佘山国家旅游度假区”等，都是“千万级”流量入口，已经成为上海最为亮丽的城市名片和旅游品牌。上海是国际会展之都，每年大量的节、会、展、赛活动在这里举办。世界著名艺术家汇聚上海，每天约有 100 场营业性演出在这里精彩呈现，带来高水准文艺表演。上海通过城市更新形成了大量文旅新空间，包括“网红打卡地”武康大楼街区、上生新所、思南公馆、徐汇艺术西岸、一江一河的滨江步道等。

再次，旅游业创新融合发展加快推进。上海旅游工作勇于创新，建成我国唯一的邮轮旅游发展示范区，率先实行离境退税“即买即退”、外国人过境144小时免签等政策。“旅游+”“+旅游”成为共同行动，旅游与文化、商务、体育、工业、农业、科技、卫生、金融、交通等联动、融合发展格局基本形成。

新技术新科技发展迭代，在文旅业的浸透度加深；文旅项目、目的地及产业的管理模式将改变、效能将提升；技术与内容的融合，数字旅游新业态迭出、更新，将构建新场景、打造新体验，优化文旅产品供给体系；大区域文旅市场的建设，更需要数字化落地应用，更庞大的客群转化、更多的旅游数据打通、更大的区域旅游范围管理等，都绕不开数字化。

开发一带一路旅游资源，打造上海国际数字旅游之都的国际枢纽地位。多开发和打造与“云游四方：从上海到比利时，去‘丁丁’家串个门儿”类似的国际云旅游，让市民足不出户，感受世界的魅力。

上海数字文旅转型要顺势而为、因势利导，即在善用上海创新文化基因和新基建领跑全国优势的基础上，要将数字文旅建设融入上海“十四五”规划中；要通过部门协作、政企合作、企业运作等方式，探索设立数字文旅应用场景实践区；要以项目为抓手，打造开放协同、共生共赢的数字文旅产业生态共同体；要重视市场监管，做好价值传播与消费引流的平衡。

上海在发展旅游中，将充分利用丰厚的历史文化资源，彰显中国风格，呈现上海特色，更好讲述中国故事。想看淡雅素描，我们有“梧桐树下老建筑”、有“老弄堂里石库门”；想看浓墨重彩，我们有“流光溢彩、绚丽多姿的黄浦江”、有“当代优秀建筑聚集的陆家嘴”。我们将深入推进文商体旅融合发展，吸引海内外游客纷至沓来，在这里体会到中国的真情与美好，品尝到浓郁的上海味道。提高城市魅力，提升城市软实力，传播中国文化，传播中国形象！

21 上海在行动：数字化转型创造新职业

在职业领域，“白领”“蓝领”等词大家都已耳熟能详了。近两年出现了一个新的职业名词——“新领”，它是指在当前新一轮工业革命兴起时带动出现的智能化、数字化和信息化工作模式。

“新领”职业有哪些

在2015年版《中华人民共和国职业分类大典》的基础之上，人力资源和社会保障部陆续发布了多个批次的新职业，其中包括：2019年4月发布的人工智能工程技术人员、物联网工程技术人员、大数据工程技术人员、云计算工程技术人员、数字化管理师、建筑信息模型技术员、电子竞技运营师、电子竞技员、无人机驾驶员等13个新职业；2020年3月发布的智能制造工程技术人员、工业互联网工程技术人员、虚拟现实工程技术人员、连锁经营管理师、供应链管理师、网约配送员、人工智能训练师、电气电子产品环保检测员等16个新职业；2020年7月发布的区块链工程技术人员、城市管理网格员、互联网营销师、信息安全测试员、区块链应用操作员等9个新职业。由此可见，新职业领域的明显趋势，就是数字技能成为其基本要求之一。

“新领”职业的未来前景如何

“新领”职业的出现是由市场决定的，其中消费升级与科技进步是主要动因。19世纪开埠至今的上海，已经是商贸、金融和工业的中心，改革开放以来，已经形成多中心、多层次网络化的商业体系。作为一个常住人口超过2 500万的都市，社会消费品零售总额稳居全国城市首位的大都市，消费对经济增长的贡献度超过60%，随着经济发展和消费升级，人们对商品和服务的需求也越来越体现出多样化和个性化的特征。我国的经济体量足够大，消费者足够多，客观上也保证了细分领域的消费需求规模足够大，能够支撑人们去尝试更多的职业选择。另一方面，科技进步催生出大量新职业，信息化与数字化如同催化剂，促使传统职业的职业活动内容发生变革，进而衍生出很多新职业。

例如服务于企业数字化转型的数字化管理师，即使用数字化智能移动办公平台，进行企业或组织的人员架构搭建、运营流程维护、工作流协同、大数据决策分析、上下游在线化连接，实现企业经营管理在线化、数字化的人员。据统计，全国已有超过100万名数字化管理师，其中87.23%的从业人员薪资是当地平均工资的

1 至 3 倍，潜在就业缺口近千万人。

在新经济与新业态新模式的发展下，作为主要电商直播平台用户数量全国第一的上海，互联网营销师就是一个具有代表性的新职业，简单理解，就是在数字化信息平台上，运用网络的交互性与传播公信力，对企业产品进行多平台营销推广的人员，也就是我们熟知的直播带货。2016 年，随着 4G 网络的全面普及，线上直播获得了技术支持，此时直播的商业模式是以“直播 + 内容”的方式，通过“秀自己”得到打赏为主要盈利手段。这种模式在 2019 年转变为“直播 + 电商”，即直播带货。2020 年新冠肺炎疫情导致线下市场受阻，众多企业纷纷前往线上自救，消费者也因无法出门而有了观看直播的时间。人们开始尝试这种新的消费模式，商家为了缓解压力和生存，纷纷开辟线上直播带货的新渠道。直播带货的流行也催生了对互联网营销师人才需求的井喷式增长。据统计，2020 年我国互联网营销人才需求约 1 500 万人，人才缺口约 1 000 万人。到 2025 年，人才需求将达到约 4 500 万人，人才缺口约 4 000 万人左右。

“新领”职业的健康发展需要规范

我们还是以互联网营销师相关的直播带货行业为例。按照中国消费者协会发布的 2020 年 10 月 20 日至 11 月 15 日期间的《消费维权舆情分析报告》，“双 11”期间有关直播带货类负面信息 33.41 万条，日均在 1.24 万条左右，其中包含数据造假、订单造假、退换难等情况。

上海拥有最齐全的消费品牌，是全国品牌的集聚高地，监管势在必行。2020 年 6 月，中国广告协会发布国内首份《网络直播营销行为规范》；7 月，国家市场监督管理总局发布《关于加强网络直播营销活动监管的指导意见（征求意见稿）》；11 月，针对直播带货行业的三项政策接连出台，两份来自市场监管总局，一份来自国家网信办，让直播带货行业从“爆发期”进入了“冷静期”。未来在哪里，业内人士的普遍观点是“规范与专业”。监管的目的是为了规范，为了更好的发展。平台需要规范经营，主播需要专业认证，只有合法合规，未来才能走得更远。

构建生态协作系统，赋能“新领”职业

规范之外还要赋能。人力资源和社会保障部的调研发现，目前，96% 以上的职场人士希望通过学习新职业、新技能，来提升自己的发展空间和增加薪酬。在这些新职业中，提升数字技能成为众多职场人士的优先选择。从企业的角度来看，相关调研也发现，90% 以上企业希望通过对员工进行“新领”相关的职业技能，即数字技能的培训，来提升员工的能力，不仅扩展员工的职业发展空间，也给企业在数字化转型的大潮中打下坚实的人才基础，注入全新的发展动力。

改革开放 30 多年以来，中国的教育发展为满足工业经济发展的需要培养了一支庞大的劳动力队伍。而在如今数字经济快速发展

的时代，中国的人才培养模式也面临着新的挑战，即为适应后工业经济时代对创新和数字化的需要快速提升劳动力的数字技能水平。构建协作生态系统，由政府、企业、教育机构和社会机构共同发力，来填补技能发展与市场需求之间的缺口，则是解决这一问题的有效办法。

在政府层面，基于新职业的特点，适时出台国家层面的职业技能标准和专业认证。在教育机构层面，则可以首先联合企业共同设计新的数字技能培训项目，把教育机构的教学任务与企业的实际需求融合在一起推进课程创新；其次，教育机构也要想办法积极引进国内外优质的数字化技术培训项目；第三，教育机构还要加快引入和培养切实具有行业经验的教育从业者，方法可以灵活多样，例如兼职聘用、校企合作等模式，快速扩大具备数字化实操经验的师资队伍。

上海在行动，国内国外双循环齐发力

2021 年 7 月 31 日，上海市正式发布《全力打响“上海购物”品牌加快建设国际消费中心城市三年行动计划（2021—2023 年）》，标志着上海正式发力迈向国际消费之都。消费品牌的持续发展需要丰富的渠道和市场的培育。线下百货林立、商超密集，线上零售电商的便利使得上海正在成为新消费品牌最为挑剔的试验场。

在我们朝夕生活的上海，市经济信息化委、市人力资源社会保障局等已在规划广泛开展数字化转型技术技能培训，研究实施

“百万家庭数字行”工程，并争取将其纳入“十四五”期间本市年度实事工程予以分阶段推进。

在培训费用上，上海市人社局日前印发的《关于全面推广职业培训券应用工作的通知》中明确，“上海将依托职业培训信息管理系统，统一向有培训需求的各类劳动者发放职业培训券，全面推广职业培训券应用，计划 2021 年全市发放职业培训券 50 万张，2022 年实现补贴性职业技能培训项目全覆盖”。

2021 年是“十四五”开局之年，中国正开启全面建设社会主义现代化国家新征程。在这一过程中，上海作为未来机遇之地，新职业也将迎来新的发展机遇。在这些新职业中，数字技能正在成为职场人适应工作需要、提升自我能力，乃至迈向新的职业高度的刚性需求。

22 什么是无人便利店

24 小时智能无人便利店的前世今生

2017 年 7 月，阿里巴巴无人超市“淘咖啡”亮相杭州，这是一家集购物与餐饮于一体的无人店，没有收银员，不需要排长队，东西买完就能走，第一次进店时，打开“手机淘宝”，扫一扫门店的二维码，获得一张电子入场券，通过闸机时扫电子入场券，进入店内就可以购物，进到里面全程不用手机。

每一次消费时代的变革，都是技术演进的结果。2017 年，缤果盒子凭借互联网、物联网、人工智能、大数据等技术，迅速打造出全球第一款可规模化复制的 24 小时无人值守便利店，为消费者带来全新的购物体验。缤果盒子目前的选址标准是中高端社区，坐电梯到楼下即可进行购物，这是传统便利店无法触达的场景，是把服务和商品从“最后一公里”推向“最后一米”的重要举措 。

24 小时无人值守便利店

24 小时智能无人便利店，除了 24 小时便利外，与传统的线下零售店相比，尤其是在传统的现金交易的不记名消费场景下，商店难以获得更多关于顾客的准确信息，单靠售货员维护“熟客”的逻辑也很难掌握到该区域消费者的普遍特征，更难为顾客提供更多更好的选择。

无人商店通过全环节数据化的运营方式，实现精细化管理运营，解决了传统线下零售洞察消费者难的问题。不仅仅是 7 × 24 小时无人值守的便利店，更有可能成为更懂周边居民的“管家”。这是无人商店最具特色的优势之一。

无人便利店背后的数字技术有哪些

无人便利店通过“无人化”，后端“数据化”，把收银员的零散时间、等待时间、同构技术和人工智能的方式集中到后端，使便利店每一个环节数据化，进一步提升购物效率。

AI 管家是无人零售背后的大管家，涵盖了图像识别结算、动态货架人工智能后台方案，有了它，无人零售才能有属于自己的灵魂。AI 管理主要包括人工智能、大数据、机器学习三部分。动态货架技术是无人商店的关键组成部分。它完成基础数据收集后，输出后端处理结果给用户，可以进行远程变价、品牌促销和个品促销。

在 2021 年无人零售展上，出现了以下智能数字化技术。

（1）视觉图像识别技术，生物识别技术，目标跟踪技术及相关的 AI 技术，结算意图识别和交易系统，电子标签、射频识别（RFID）技术，自助检测与跟踪系统、商品信息采集技术，二维码、条形码技术，视频安防解决方案等。

（2）数字化门店、智能货架、智能柜、智能购物车、智能包装、服务机器人、商品快速装袋设施、出入口设备、集装箱盒子等。

（3）智能收银、自动结算及相关货币解决方案；相关打印技术及耗材。

（4）大数据分析、消费者形象刻画、IOT（物联网）、区块链、语音助理、客户感知技术、商品感知、客流分析等。

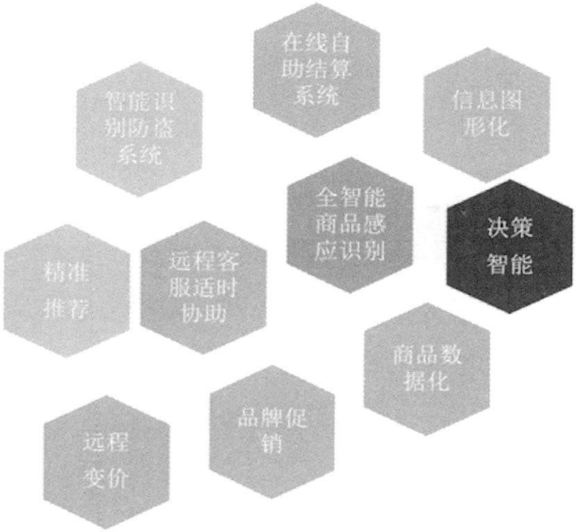

无人商店的部分核心技术

无人商店发展现状

2018 年 8 月 15 日到 17 日，第二届上海无人零售展在上海新国际博览中心举办，36 000 平方米的展出规模，近 400 家展商，无数无人零售新产品集中亮相，再次在行业内引起轰动。

本次展会的亮点是全球最领先的无人店相关企业相聚中国，为中国同行做了 360 度的全面解析，展出了颠覆性的无人商店专业设备 + 数据营销的创新玩法。

从 2021 年无人零售展来看，无人零售市场已经将开放货架、自动贩卖机、无人便利店三大无人零售模式相互融合，运营商将会同时布局“机 + 架 + 店”的复合业态及智能快递柜、热柜不断升级迭代的创新模式。同时，无人零售行业会随着技术升级，进行供应链优化，向规模化、精细化运营发展。

目前，许多人工智能公司纷纷布局无人零售，我们可以举几个例子。

（1）科大讯飞依托AI核心技术，提供应用于多种场景的智慧新零售解决方案，包括：无人移动零售、商场导览交互机、送餐机器人、门店营销助手等新零售硬件解决方案；电商商城、电商小程序、餐饮系统、虚拟试衣间等电商平台开发方案。技术专家一对一服务，助力新零售行业智能升级。

（2）深圳首家人脸识别24小时无人智能商店在坂田云里智能园开店营业，顾客通过人脸识别快速解锁入店，自助购物后手机结算过程只需要30秒左右。另外，在这家无人智能商店中，每件商品都有一个防伪“身份证”，完全保证正品。

（3）上海零售技术公司Cloudpick认为，过去零售商过于注重“无人”的理念，忽视了客户对优质服务的需求。因此他们设计了一个系统，利用人工智能创造“抓取即走、无感支付”的购物体验。在采用Cloudpick技术的商店里，顾客在购物时会被天花板摄像机跟踪。然后，计算机化系统将选定的商品添加到单个客户的虚拟购物车中，无须等待结账，顾客只须走出商店，系统就会向他们之前链接的银行卡或移动支付账户收取相应的金额。此外，该系统可以同时处理数十名购物者数据。

无人零售的未来趋势——重塑未来零售新体验

2021 年 6 月 29 日，中华人民共和国商务部出台了《智慧商店建设技术指南试行》的通知，这份指南中，对智慧商店给出了如下定义：智慧商店是指运用现代信息技术（互联网、物联网、5G、大数据、人工智能、云计算等），对门店商品展示、促销、结算、管理、服务、客流、设施等场景及采购、物流、供应链等中后台支撑，实现全渠道、全场景的系统感知、数据分析、智能决策、及时处理等功能，推动线上线下融合、流通渠道重构优化，以更优商品、更高效率和更好体验满足顾客便利消费、品质消费、服务消费的商店。

在这份指南中，规定了智慧商店信息基础设施、场景数字化、管理智能化、服务精准化建设等内容，作为新零售业态的方向性指引并根据新业态的发展而不断完善。

未来 5G 技术对无人零售行业可能产生新影响。如镜面显示大屏与自然交互相结合，能实现语音、手势、肢体等 AI 交互，广泛用于线下购物中心和娱乐场景，例如欢迎牌、导航屏、游戏互动屏、导购屏、虚拟试衣屏等；为新零售行业门店打造的智能店长机器人，集智能语音、人脸检测识别追踪等技术为一体，为门店提供主动营销、客户接待、熟客管理、智能盘点、远程巡店等智慧零售服务。

随着人工智能、机器视觉等新兴技术的逐渐成熟，加上国内全球领先的移动支付态势，以无人零售为代表的新零售受到各大电商平台及知名品牌的关注。无人商店俨然已成为全球零售业的一种新趋势，阿里等传统零售业巨头开始尝试无人商店模式，一些中小型创业公司凭借其较业内领先的人工智能技术也崭露头角。继共享单车之后，无人商店有望成为下一个爆炸性新兴业态。在边远的农村以及商业配套不完善的小区，无人零售将大有作为。

无人零售不完全无人，是零售行业降本提效的又一次探索。尽管还存在某些技术难题，但总的来说，无人零售以降低人工成本作为切入点，在重视消费体验、拓展零售场景的同时通过技术手段完成数据收集、分析与应用，并最终实现消费流程的全面数据化以及整个产业链的智能化升级提效。无人零售市场发展空间广阔，目前零售业正经历第四次革命，无人零售将把人类带入智能商业时代。

23 数字商圈的上海实践

什么是数字商圈

你有没有过这样的经历：周末开车去附近的商场逛逛，到了停车场却发现车子停得满满当当。好不容易找到车位，进了商场，商场里还是那几个店，除了逛就是吃。在商场里看中了心仪的商品，大包小包要一路拎回家。要离开商场了，先得扫码积点，再抵扣停车费。万一需要手工积点，到前台排个队，心里更是一个烦。在数字化转型的过程中，上海市聚焦人民群众最关心、最直接、最现实的问题，重点推进 11 项数字生活标杆应用场景，建设有感受度和体验度的数字生活场景。数字商圈即为其中之一。

商圈概念源于传统商业，是为了分析和规划特定地点和商场的销售能力而发展起来的。而数字商圈则拓展了这个概念，更多的是指利用数字化技术和手段，帮助传统的商业中心吸引消费者、提高销售额，同时帮助商业中心内的商户提升管理效率。与数字商圈类似的说法是智慧商圈。两者都是通过对传统商业的升级转型，提升消费者购物体验，从而促进实体商圈发展，为消费者提供更加便利实惠的消费生活。

一个典型的数字商圈平台由三个部分组成：基础平台、交互界面、扩展场景。基础平台提供后台管理、控制功能，比如控制商场内显示屏幕或者灯光的开关，感知客人进出店的情况、消费积分等等。交互界面有两个部分，一部分是与消费者间的交互，通过商场内的智能显示屏和消费者的手机进行；另外一部分是内部工作接口，即示意图中的后台界面。扩展场景是指数字商圈的服务场景。

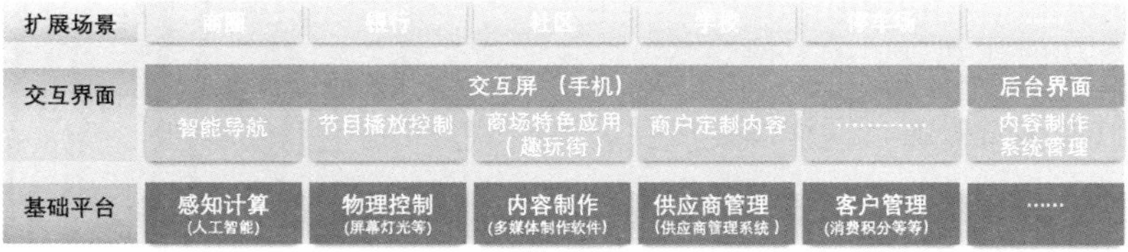

数字商圈平台示意图

与传统商圈从商场和商户角度出发考虑问题不一样，数字商圈更关心如何为消费者提供便利。通过把原来分散在各个系统的数据整合起来，在传统的购物功能之外增加休闲、亲子、社交等项目，让消费者能够放心地来、尽兴地玩、满意地买单。或者说传统商业是卖店里已经有的货，数字商圈是根据消费者的需求提供商品和服务。

数字商圈能做些什么

在中国网络人口达到 10 亿的背景下，上海市在生活数字化转型中着眼于对传统商业服务的升级转型。实体商铺和数字商圈各有侧重，实体商铺更多地承担体验中心以及商家与用户之间的直接交流，数字商圈更多地负责拓展服务项目以及为用户提供更多样化的交流途径。通过数字商圈，消费者能够很方便地接收到实体商铺的活动和优惠信息，参与丰富多彩的线上和线下活动，享受快捷便利的送货服务。

通过数字商圈平台，商圈内各大商场的停车场互相开放，甚至周边企业、居民小区、路边临时停车位都可以错时分享，既方便了消费者，也为商场创造了互相引流的机会。消费者可以利用智能停车功能找到合适的车位，不再需要兜圈子找车位，省时又省心。支付停车费时会自动连接你的会员权益，不用再去服务台排队积点兑换。而且各个商场的消费积点互相通用抵扣停车费，给消费者以良好的购物体验。

利用增强现实（AR）技术，数字商圈可以把周边商店信息、旅游景点、历史文化以及潮流元素集合到导游导览功能里，用户可以通过游戏的方式，边玩边逛，在购物之外有更多的文化体验。消费者更可以通过互动直播，找到自己感兴趣的小店，先探店再消费。消费者也不必在意排队等候的时间，完全可以先在手机上取号排队，做到排队逛街两不误。将来消费者还可以把地址和购物凭证上传到数字商圈平台，或者把采购好的物品寄放到服务台，服务台会通过平台把你采购的物品集中起来，安排快递送到你家门口。所以，数字商圈不仅仅是把诸如新天地这样的商圈搬到网上，简单地复现其购物功能。

数字商圈的基础是高速的网络、庞大的数据库以及强劲的计算能力。同时数字商圈的成功需要各个行业和部门的通力合作，IT、支付、物流、通信、物业等等，数据要共享，隐私要保护，系统要升级更新。而且数字商圈建成后，如何保证正常运行，如何及时更新完善，如何充分体现价值，都是很大的课题。

相信随着一个个各有特色的数字商圈的建立，上海那些多姿多彩的商业圈、商业街将成为网络新热点，“上海购物”品牌再放光彩，上海必将成为真正的“国际消费中心城市”。

24 我家“毛孩子”身上的芯片有什么用

随着人民物质文化水平的日益提高，城市数字化的不断发展，宠物已成为许多人生活中不可或缺的一部分，然而很多人对植入自家“毛孩子”身上的芯片是什么、派什么用，都不是很了解。其实，电子芯片是一种由微电子芯片、芯片电容器和电子标签线圈组成的米粒状物体，主要注射于动物皮下，并具有一定信息储存和处理能力的射频标签，是射频识别技术在动物管理中的应用。

电子芯片到底有哪些作用

在我们日常生活中总是经常遇到宠物走失的问题，并且大部分走失的宠物都很难寻回，但随着数字信息化发展及电子芯片技术在宠物身上的普及应用，大大降低了出现这个问题的概率。我们宠物身上的电子芯片如同我们的身份证一般，是唯一的一种能够快速准确识别宠物身份的标识，其玻璃管制内的芯片包含了一个独一无二的号码，使用专业读写器扫描宠物脖颈处注射的芯片，我们可以查询到宠物主的姓名、联系方式、居住地址、宠物免疫时间、毛色品种、出生年月等信息，从而联系到宠物主。

因此，即使跨境，我们也能非常快速准确定位出宠物所在的城市，并以此寻找到宠物主人的信息。比如曾经有一个案例就是通过芯片所记录的信息，为远在加拿大的一只流浪犬找到他在上海的主人。同时，在日常宠物饲养中我们不可避免要带宠物前往宠物医院就诊，但昂贵的治疗费用让很多宠物主头皮发麻，所以宠物医疗保险在这样的环境中应运而生，它的存在可降低宠物主在宠物医疗上的经济投入。但在实际使用过程中出现了很多“骗保”的行为，所以如何准确判断宠物个体，避免出现“骗保”行为，就必须基于电子芯片的唯一识别能力来完成。在宠物主购买宠物医疗保险时，以电子标识号为依据，只允许该芯片号下的宠物购买，而在后续宠物医疗保险理赔时，也只理赔该芯片号的宠物，从而实现理赔标的的唯一性。

我家宠物可以不注射芯片吗

宠物行业随着数字化信息技术的发展也是日新月异，从以前的实体养宠到慢慢兴起的云养宠；从金属犬牌到电子犬牌；从线下办证到一网通办为实现“0 跑腿”的便民服务，开通了线上办理养犬登记证等等，这些都体现了我们城市数字化转型的发展，但是不管是虚拟的还是真实的，依法养宠、文明养宠始终是文明城市建设的重要组成部分。

伴随着养宠数量的快速上升，犬只走失、遗弃，流浪犬只无节制繁殖等现象的层出不穷；狂犬疾病、人畜共患病的肆意传播；遛狗不牵绳、犬只伤人事件的频频发生，严重危害了群众的生命安全，同时公共卫生问题也日益突出。为积极改善犬只的走失、遗弃，以及各种不文明养犬行为，各地方政府都颁布了相关规定，就上海市而言，2003 年颁布的《上海市养犬管理条例》第二章第十一条明确规定，“本市实行养犬登记制度和年检制度。饲养犬龄满三个月的犬只，养犬人应当办理养犬登记”，而办理养犬登记证，犬主要做的就是“依法对饲养的犬只实施狂犬病强制免疫，并将犬只送至兽医主管部门指定地点接受狂犬病免疫接种，植入电子标识”。

芯片是注射在我家狗狗的哪里

注射的时候需要注意些什么呢？目前市场上电子芯片一般都注射于犬只脖子背部的皮肤下面，就如同犬只接种疫苗方式一样。我们所要注意的是在免疫前两天和免疫后一周内不可给犬只洗澡，新植入芯片后一周不可以使用脖圈，犬只针孔未闭合脖圈挤压摩擦容易导致芯片掉出，同时免疫当天犬只如有发情、怀孕、生病等情况，需要在免疫前向免疫人员说明，还有要是犬只脾气暴躁、害怕陌生环境等，需要准备好犬口罩并事先告知免疫人员，做好防护工作，不然伤了人就麻烦了。

在我们日常生活中，还有很多数字化的技术不断应用到日常生活中，像拥有血统的犬只，它们的芯片号段均在中国物品编码中心登记备案、留存宠物血样，可查询与之对应的血统证书及宠主信息。而上海公安通过视频智能监控，自动识别禁养犬及遛狗不牵绳等违法行为，减少安全隐患。为实现促进增进人民福祉的信息化管理，中国海关则在2019年发布的“宠物入境新政”（第5号公告）中明确表明，携带入境的宠物（狗和猫）必须要植入电子芯片。并且宠物出境也需要有植入芯片，用于判断犬猫免疫情况，和准确定位个体信息。

随着城市数字化发展的不断深入，未来还会有更多数字化科技技术应用到我们养宠的日常生活中。比如，GPS定位实时可以看到宠物的位置所在，再也不怕宠物走丢；数字化信息全网统一，通过芯片扫描在任何宠物医院就医，都可查看历史病例，从而进行精准治疗。

25 手机跟我要权限，给不给

换了新手机，常用软件装一遍。可是移动应用刚一打开，就弹出窗口跟我要权限。给吧，怕移动应用乱收集我的个人信息；不给呢，又无法使用这个移动应用；重新给它权限，又不知道给哪个权限才行，最后只好全都给了。

几乎每个使用智能手机的用户都会遇到这样的场景。安装移动应用本来是为了方便我们的生活，结果因为手机权限问题，搞得如此烦琐。

移动应用为什么跟我要手机权限

当今的智能手机集成的传感器越来越多，标配传感器就有 8 种：光线传感器，距离传感器，重力传感器，加速度传感器，磁（场）传感器，陀螺仪，GPS，指纹传感器，而苹果手机从 iphone 6S 时代就已经内置 10 种传感器。各类移动应用通过调用这些传感器，就可以实现各种功能：导航、面部识别、指纹付款、电话翻转自动静音等，让我们的工作生活更加便捷。

在智能手机早期，操作系统对传感器的权限控制并没有那么严格，所以很多应用可以直接申请并获得相应权限并运行。虽然用户省了心，但这些应用也能随心所欲地在后台收集各类数据。为了限制流氓软件对用户的侵害，尤其是保护用户的隐私，苹果、谷歌和各家手机厂商纷纷加强了应用程序申请调用手机权限的限制。于是就出现了在程序安装过程中，或者第一次运行的时候要各种权限的事。

虽然厂家对权限的申请和使用加强控制，安全性有所提高，可是道高一尺魔高一丈，很多应用仍然不停要权限，甚至拒绝任何一个权限，就直接退出都不给用户选择的机会。

我怎么知道哪些权限该给，哪些不该给

移动应用申请权限，一种类型是为了实现功能所必需的权限，例如我们要扫描二维码，那么应用申请摄像头权限就是合理的；但另外一种类型就是过度索取权限，收集我们的个人信息了，例如一个股票软件索要摄像头和 GPS 权限就有滥用的嫌疑。

可是那么多应用，我们怎么分辨得清楚哪些应用在过度索取手机权限？别担心，在 2021 年 3 月 12 日，国家网信办联合工信部、公安部和国家市场监督总局共同印发了《常见类型移动互联网应用程序必要个人信息范围规定》的通知。在这个《规定》里，对三十九类常见类型移动互联网应用程序收集个人信息做出了限制。

首先，《规定》的第三条就限制应用只能收集保障它基本功能服务正常运行所需的个人信息（如果缺少了这些信息，应用就无法运行）。同时，第四条明确要求，移动应用不能因为用户没有提供非必要的个人信息而拒绝用户使用基本功能。这两项条款极大保护了用户权益。

其次，从第五条开始，《规定》逐类约定了哪些是基本功能和必要信息。例如：

编号	分类	基本功能	必要信息
1	地图导航类	基本功能服务为"定位和导航"	必要个人信息为：位置信息、出发地、到达地
2	网络约车类	基本功能服务为"网络预约出租汽车服务、巡游出租汽车电召服务"	必要个人信息包括： 1. 注册用户移动电话号码 2. 乘车人出发地、到达地、位置信息、行踪轨迹 3. 支付时间、支付金额、支付渠道等支付信息（网络预约出租汽车服务）
3	即时通信类	基本功能服务为"提供文字、图片、语音、视频等网络即时通信服务"	必要个人信息包括： 1. 注册用户移动电话号码 2. 账号信息：账号、即时通信联系人账号列表
4	网络社区类	基本功能服务为"博客、论坛、社区等话题讨论、信息分享和关注互动"	必要个人信息为：注册用户移动电话号码

续表

编号	分类	基本功能	必要信息
5	网络支付类	基本功能服务为“网络支付、提现、转账等功能”	必要个人信息包括： 1. 注册用户移动电话号码 2. 注册用户姓名、证件类型和号码、证件有效期限、银行卡号码
6	网上购物类	基本功能服务为“购买商品”	必要个人信息包括： 1. 注册用户移动电话号码 2. 收货人姓名（名称）、地址、联系电话 3. 支付时间、支付金额、支付渠道等支付信息
7	餐饮外卖类	基本功能服务为“餐饮购买及外送”	必要个人信息包括： 1. 注册用户移动电话号码 2. 收货人姓名（名称）、地址、联系电话 3. 支付时间、支付金额、支付渠道等支付信息
8	邮件快件寄递类	基本功能服务为“信件、包裹、印刷品等物品寄递服务”	必要个人信息包括： 1. 寄件人姓名、证件类型和号码等身份信息 2. 寄件人地址、联系电话 3. 收件人姓名（名称）、地址、联系电话 4. 寄递物品的名称、性质、数量

续表

编号	分类	基本功能	必要信息
9	交通票务类	基本功能服务为“交通相关的票务服务及行程管理（如票务购买、改签、退票、行程管理等）”	必要个人信息包括： 1. 注册用户移动电话号码 2. 旅客姓名、证件类型和号码、旅客类型。旅客类型通常包括儿童、成人、学生等 3. 旅客出发地、目的地、出发时间、车次 / 船次 / 航班号、席别 / 舱位等级、座位号（如有）、车牌号及车牌颜色（ETC 服务） 4. 支付时间、支付金额、支付渠道等支付信息
10	婚恋相亲类	基本功能服务为“婚恋相亲”	必要个人信息包括： 1. 注册用户移动电话号码 2. 婚恋相亲人的性别、年龄、婚姻状况

可以看到，上述列表非常清楚地规定了哪些功能属于基本功能，哪些信息是我们为了使用基本功能得提供的。除此之外，当应用或手机要求索取更多权限、收集更多信息的时候就可以直接拒绝掉。

我拒绝了不必要的权限，可还是被应用限制了，我该怎么办

目前的移动应用开发市场上，各类人员都有，水平良莠不齐。有的团队为了获得额外的利益，无视政府的法律法规，仍然强迫用

户提供过多权限，超范围收集个人信息。这时候还有什么办法保护我们自己的利益吗?

这时候就不能靠开发团队的自觉了，我们可以通过搜索公众号“国家网信办举报中心”，将该应用违规收集信息，强迫用户提供权限的行为举报给监管机构，由监管机构来进行调查和要求整改，就能有效解决超范围收集个人信息，过度索取手机权限的问题了。

26 从“云端”种水稻看乡村共同富裕的上海经验

从栽种到成熟，什么时候该施肥？灌溉量要多大？病虫害怎么预防？过去，人们很大程度上依靠经验决策，如今，科学家们开始将 5G 与 AI 等先进技术应用于农田。上海电信在示范区部署了 5G+MEC 网络，并结合 AI 智能分析应用，实现了水稻和蔬菜种植过程的实时数字化。通过对数据进行智能解译、建模和决策，形成了一套集采集、传输、解译、模拟、决策于一体的智慧农业管理平台。在上海市大力推进城市数字化转型的大背景下，数字已成为驱动上海现代都市农业发展的关键要素。“云端”种水稻并不遥远，人人都能成为种植能手。

用数字技术赋能上海农村新体验

数字乡村建设是数字中国建设的重要战略内容。从党的十九大开始，乡村振兴战略一直是讨论的热点话题，从 2016 年 7 月印发的《国家信息化发展战略纲要》、2018 年 1 月印发的《中共中央、国务院关于实施乡村振兴战略的意见》、2018 年 2 月印发的《乡村振兴战略规划（2018—2022 年）》、2019 年 5 月印发的《数字乡村发展战略纲要》《数字农业农村发展规划（2019—2025 年）》到 2020 年 12 月印发的《关于印发〈2020 年数字乡村发展工作要点〉的通知》等文件，充分表明我国“数字乡村”建设正如火如荼地开展，也标志着乡村数字化时代的到来。

上海在《推进上海经济数字化转型 赋能高质量发展行动方案（2021—2023 年）》也对农业新体验给出了专项行动方案：

推动农业生产智慧精准，聚焦生产流通全过程、产地环境全天候、作物属性全要素，建设综合赋能平台，打造智慧示范农场，为产地优质农产品赋予数字化品质内涵。

行动方案 1：打造数字农业标杆平台

打造农业“一张图”，增强农机农技数字化水平，推动“申农码”全域应用。完善农业空间信息基础，加快数字农田建设，完成农业种植、渔业养殖、河流、土壤潜力等实有信息采集，编制涉农关键要素基本名录。推动农机智能化升级，农技数字化提升，建设涵盖农业生产、生态、流通、安全等全领域的综合平台，提升农产品数据附加值。丰富农业知识图谱，运用“申农码”打造规模化种（养）、管、收、销全品种、全区域、全过程的生产作业模式，完善设施农业数字气象服务体系。

行动方案 2：打造智慧示范农场

推广农业机器人，高水平建设无人农场。加快农业机器人的创新迭代和推广应用，面向果园、菜园、稻田、蟹场、猪场等场景，打造种（养）、采摘农业数字孪生示范点，提升病虫害诊断、水肥药投入、无人驾驶、冷链物流、加工仓储、安全溯源、沉浸式销售等智能化水平。发展无人农场，建成3万亩水稻生产无人农场，3—5个智慧蔬果生产基地，若干个食用菌、蔬菜种苗、花卉园艺等植物工厂。

此外，立足填补盲区、补齐短板，持续推动生态环保、建筑、水资源综合利用等领域加快数字化转型升级，以新需求培育新市场，更好激发创新创业，推动数字经济发展壮大。

应用数字技术能带来城镇居民收入的增加

农业的未来取决于数字化转型。农民将从农业的数字化转型趋势中受益，使他们不必再担忧环境，能够种植更高产的作物，并以有效的全新方法管理作物。数字化既为解决三农问题提供了机会和条件，又实现了农民与消费者线上线下的联动，盘活自身资源、创造型消费、定制化销售、共享经济等多种形式的创收形式。数字化技术给农民带来的最直接的收益就是实现了农民收入的增加。总的来说，包含以下三个方面。

第一，通过对乡村资源的数字化整合，实现对于闲置资源的经济创收。

随着经济发展和城镇化加速推进，乡村的年轻人陆续向城市集中，大量农村宅基地和房屋处于闲置或半闲置状态，成为乡村的闲置资源。互联网、电商及数字化技术的发展，给这些农村的闲置资源带来了新的生机，也为农民增加收入带来了新的机会。在乡村振兴战略和城镇数字化发展的大背景下，上海诸多互联网企业以切实为农民创收为本，利用数字化技术开拓农村资源发展，以互联网的手段，彻底盘活了农村资源、资产资金，为农民致富、智慧农村建设做出了积极的贡献。

第二，通过电商数字化的供应链整合，实现农产品的价值升级。

2021 年是中国数字乡村建设的第二个阶段，数字农产品电商的发展是全面乡村振兴建设以及数字乡村建设的重要内容。据商务部统计，2019 年全国农产品网络零售额达 3 975 亿元，比 2016 年增长了 1.5 倍，全国农村网商突破 1 300 万家，吸引了一大批农民工、大学生、退伍军人返乡创业，“互联网 +”农产品为农民提供了更多的产供销渠道，在农产品的供应链环节尤为突出，既解决了更多农民的就业问题，农民收入也有了显著的增长。农产品种养数字化、农产品的数字化、交易物流的数字化以及消费的数字化，是农产品发展的必然趋势。

第三，根据百姓需求进行定制化农业，开拓农民增产增收新思路。

在上海，越来越多的老百姓对网购已经习以为常，现在在网上买衣服，都是买家下单之后，卖家才去做，店家很少批量生产，现货很少，这是卖家们为了防止压货、滞销。对从事农业的朋友们来说，尤其是小农户，最害怕的也是农产品滞销。现在采用数字化的手段，采取均衡营养、绿色健康、安全卫生等各种定制化的营销方式，帮助农户着手“定制化农业”，私人订制农产品，实现农产品从传统的自产自销到产品订制、定向销售的转变，实现了农民增产增收的新思路。

应用数字技术能提升新农村的服务效能

除了带来收入方面的改善，数字化还给乡村治理带来新的便利。

乡村治理的核心就是要切实解决农村出现的问题，让农民在乡村的每一个角落都能享有公共服务，从而实现提升整个农村的服务效能。所谓服务效能，首先要利用互联网科技及大数据分析把县、乡、村级各个部门联系起来，把所有的资源进行一体化的管理，形成资源的统一分配、合理化管理。真正实现所有服务部门之间的工作联动，形成快速联动机制。同时推动“互联网+党建”，实现党务、村务、财务网上公开，畅通社情民意，提升乡村治理能力。推动“互联网+政务服务”向乡村延伸覆盖，提高乡、村级综合服务信息化水平，提高群众办事便捷程度。

上海始终坚持以人为本的数字化城市建设宗旨，农村的数字化转型的最终受益者也一定是农民。所有城市居民可以享有的便捷服务，一样要在上海的农村得以实现。把村里的事搬到手机上，包括农民的事务咨询、问题诉求，只要掏出手机，打开 APP，农民就可以随时找到相关职能部门，让农民真正做到“少跑腿”甚至“不跑腿”，也方便了各农村职能部门更快速准确地了解农民的问题和诉求，从“被动救火”转向“主动服务”，增强农民服务体验的同时也提升了服务部门的工作主动性。

随着数字技术在农业产业发展的投入应用，现代化信息技术与农业生产、服务各个环节的深度融合，农业生产环境自动监测、生产过程智能管理都有了显著成效。数字化建设中的农业大数据平台采集与农业农村相关的资源、治理、生产、经营、流通相关的大数据，实现了对大数据的整理、分析和展示，有效实现农业农村资源合理配置、农业生产智能化、乡村产业数字化和农业农村科学决策。围绕农作物培育、生产、销售的链条为广大农业生产主体和客户群体提供综合信息服务，包括农村土地流转、农机监管、农业种质资源、农场物联感知监管、农产品电商交易物流、农产品溯源等，实现对农产品的生产、交易等关键环节监管和全程数据追溯管理，为消费者提供优质、透明、安全和放心的农产品，促进农业产业健康发展。

上海推进农业数字化高质量发展展望

上海都市现代绿色农业发展未来的主要发展方向是发挥上海的农业科技创新优势。探索数字信息引领，通过大数据、物联网、人工智能、区块链等现代信息技术，对农业生产各环节数据进行采集、分析及溯源。上海市农业农村委员会相关负责人表示，上海的农业科技创新能力正在稳步提升，农业科技进步贡献率接近 80%。

上海将进一步提升现代种业创新能力，建立农业种质资源保护体系，加大地方特色种质资源的保护与开发力度；支持基础好的种业企业开展商业化育种，鼓励种业企业开展国际战略合作。

建设数字乡村既是乡村振兴的战略方向，又是建设数字中国的重要内容。数字农业是国家发展“数字中国”战略的重要组成部分，是实现信息化与农业现代化深度融合的有效举措，更是推动农业高质量发展的重要手段。《上海市推进农业高质量发展行动方案（2021—2025年）》提出打造13个绿色田园先行片区，示范引领都市现代绿色农业高质量发展。其中浦东新区重点打造生鲜蔬菜产业片区和品牌瓜果产业片区，金山区重点打造特色果蔬产业片区和农旅融合产业片区，崇明区建设现代畜禽养殖产业片区和高端设施农业产业片区，嘉定区建设数字化无人农场产业片区，松江区打造优质食味稻米产业片区，奉贤区重点建设东方桃源综合产业片区，青浦区打造绿色生态立体农业片区，宝山区打造乡村康养产业片区，闵行区建设都市田园农业片区，光明集团打造现代种养循环产业片区。

上海将努力实现“五高”（高品质生产、高科技装备、高水平经营、高值化利用、高效益产出）。以农业“三区”为重点，通过实施五大行动，构筑五大保障机制，聚焦打造绿色田园先行片区，不断优化农业资源要素配置、产业结构、空间布局和管理方式，提高农业综合效益和竞争力，推进上海农业高质量发展。到2025年，基本建立农业高质量发展制度框架体系。

27 一网通办、一网统管是上海数字公共服务体系不断完善的充分体现

可曾记得“我妈是我妈”的奇葩证明？

可曾记得为了迁户口，在两地“跑断了腿”？

可曾记得开家饭店，要跑4个部门6个审批事项，来回6次，提交31份材料，耗时58个工作日？

2016年12月7日，国务院常务会议通过了《“十三五”国家信息化规划》。李克强要求，信息化既然是国家规划，政府当作表率，信息孤岛要坚决打通。

为什么要打通信息孤岛？“我妈是我妈”的奇葩证明，正是因为部门信息不共享，公民的户籍、就业、生育、婚姻等基本信息处于分散的碎片化状态。由于不同部门难以掌握相关信息，彼此之间仍要求通过纸质的证明，才能验证事实真伪。这样一来，群众便只能在分散的部门之间“跑断腿”“寒透心”。

打通信息孤岛，不仅为了百姓的福祉，也为了降低政府和企业运行成本。而这种高交易成本最终必然导致产品质量降低。制度性交易成本降不下来，中国经济迈向中高端水平就会变成一句

空话。目前我国信息数据资源80%以上掌握在各级政府部门手里，“深藏闺中”是极大浪费。一些地方和部门的信息化建设各自为政，形成信息孤岛和数据烟囱，给企业群众办事创业造成很大不便。

上海为打通不同部门间的信息壁垒，首创了“一网通办”政务服务和“一网统管”城市运行模式。市民只需使用一个APP或网站，就能办成各类事项，解决办不完的手续、盖不完的章、跑不完的路这些“关键小事”。政府只需通过城运中心大屏，就能实时监控上海16个区和气象、轨道交通、防汛防台、电力、水务、消防等城市运行的方方面面，实现“一屏观天下，一网管全城”。

一网为全民，“高效办成一件事”

改革路径千万条，群众满意第一条。作为上海市城市治理数字化转型的先手棋，目前“一网通办”总门户PC端日均访问量已达42万次，推行政务服务“一网通办”，截至2020年底，接入事项达到3 166个，“随申办”实名注册用户数超过5 000万，日活用户达300万、接入公安、人社、民政、卫生、医保、司法等领域的政府服务事项1 542个，调用身份证、户口簿、驾驶证等百余种电子证照总量超2亿次，基本实现“高效办成一件事”。为方便老年人操作使用，“随申办”专为老年人推出了“老年专版”，其版本放大了显示字体，将老年人常用的随申码、医疗付费“一件事”、公交码以及地铁码集中展示。为缩短“一网通办”服务半径，解决“最后一公里”问题，将银行作为“政务服务便民点”。近期，建设银行在上海 300 多家网点、1 000 多台智慧柜员机开通了“一网通办”相关政务服务事项的办理功能，涵盖社会保障、住房保障、医疗卫生、教育科研、档案证明、公共事业、户籍办理等 7 大板块，共计 32 项政务服务事项。从“跑政府大厅”到“只需掏出手机”，只为让市民少跑腿。

像网购一样方便，是对政府效能的要求，更体现了营商环境的显著改善。据了解，以往开一家饭店，至少要涉及市场监管、酒类专卖、绿化市容、消防等 4 个部门 6 个审批事项，来回 6 次，提交 31 份材料，耗时 58 个工作日。如今，经“一网通办”“一件事一次办”改革后，开一家饭店，只需跑一次，提交 12 份材料，10 个工作日就能办结。上海深入践行放管服改革，首创的“六个一”（一帽牵头、一表申请、一键导航、一标核准、一单告知、一证准营）集成服务机制，从“证照分离”到“一业一证”，解决企业“准入不准营”的问题。2021 年，中共中央政治局 10 月 18 日就推动我国数字经济健康发展进行第三十四次集体学习上，习近平指出要完善主管部门、监管机构职责，分工合作、相互配合。要改进提高监管技术和手段，把监管和治理贯穿创新、生产、经营、投资全过程。要明确平台企业主体责任和义务，建设行业自律机制。

上海将推动更大力度、更广范围、更深层次、更可持续的“一网通办”改革，让“群众跑腿”变为“数据跑路”，不断推动“一网通办”从“能办”向“好办”转变。

一网管全城，“高效处置一件事”

简化办证流程甚至不办证，不代表着放松监管。对纳入“一业一证”改革的行业，依托“一网统管”，通过“双告知、双反馈、双跟踪”证照衔接机制和“双随机、双评估、双公示”协同监管机制，实现对市场主体全生命周期的动态监管、风险监管、信用监管和分类监管。比如，经营主体的许可、年报、处罚、信用、电子证照等信息在“一业一证”申办系统和相关业务系统直接共享。人社部门将把欠薪、欠缴社会保险的企业信息，通过综合监管平台推送给市场监管局，如果企业恶意注销登记、变相逃避债务，市场监管局可以在登记环节予以限制。“一业一证”改变了政府审批管理模式，从以严格审核为主的准入前审批转为以信用为支撑的事中事后监管，从市场准入的审查者转为维护市场秩序的“啄木鸟”和服务市场主体的“店小二”。未来，上海将打造“放管服”改革引领区，以“全覆盖、便民化、强监管”为抓手，全面推动监管方式转变，逐步实现监管协同化、智能化、精准化。

在公共安全方面，每到汛期，因为道路积水导致交通不畅，泵车受堵的情况时有发生。如今，在上海“一网统管”平台上，有一张实时更新的防汛中央地图，实时采集 157 个水位监测点和 550 个雨量监测点及 26 个气象采集点的数据信息，共享了公安、建交等部门近 1 000 个点位的视频监视信息等系统数据。借助“一网统管”大数据支持，泵车不仅能够提前布置在易积水地区，还可以根据气象预报、道路积水发生情况实时响应，由指挥中心第一时间以最优路线调度。

“一网统管”的重点是打造三个方面。一是发现体系，全时空的智能发现体系；二是融合应用的指挥体系；三是风险防范的体系，从而构建一个完整的城市运行的韧性化处置系统。

“一网通办”和“一网统管”成为衡量政务治理能力的关键在以下四个字：

“一”，指一个政务服务总门户，服务事项一口进出。一个城市运行大屏，实时监控、数据分析一屏展示。

“网”，指线上线下同步，服务事项全覆盖。线上线下统一标准，公共数据统一接入。

“通”，指全市通办、全网通办、单窗通办。

“统”，指全市统管、全部门统管、全数据统管。

“一网通办”带动政务服务改进，推动营商环境优化，不断深化功能的“全面化”和“人性化”；“一网统管”促进城市管理精细化，保障城市安全有序运行，不断提升管理的“智能化”和“协同化”。上海作为超大城市，要推进城市治理现代化，必须运用现代化科技手段。上海的数字公共服务体系始终在不断持续完善。已经建成全市统一的社区基础信息数据库和“社区云”平台；搭建上海市综合为老服务平台，梳理形成 12 个智慧养老应用场景；疫情期间推进“空中课堂”建设，教育云网融合试点有序推进，在线教育服务水平显著提升；推进智慧医疗应用，建成“健康云”平台，实现诊疗信息互联互通互认；推动智慧出行，基本建成“上海停车”“一键叫车”等一站式服务平台。上海城市治理逐渐从人力密集型向人机交互型转变、从经验判断型向数据分析型转变、从被动处置型向主动发现型转变。

28 城市数字化赋能应急管理的上海实践

“一网统管”核心理念是“高效处置一件事”，加快城市治理由人力密集型向人机交互型转变，由经验判断型向数据分析型转变，由被动处置型向主动发现型转变。其核心工作坚持以“一网统管”理念，实现城市运行“高赋能、全覆盖、强监管”，增强城市快速响应效能。

城市应急管理的特征

城市之于居民首要在于提供安全的生活环境，而城市应急管理能力则决定了生活其中的人们是否能持续获得安全稳定的生活环境，因此城市应急管理直接与城市的可持续发展能力相关。传统的应急管理主要强调政府与主管机构在面临突发灾害或公共事件时该如何反应，如何快速有效推行管理决策。而随着城市人口的不断增长，单纯的管理已经无法满足城市有效治理的需求，市民需要在遇到突发事件时能及时获取信息了解情况，而政府最关注的是如何把可能的风险提前识别并消解，在事前、事中和事后如何用不同的手段应对和解决问题。

2020 年 2 月 13 日，结合新冠肺炎疫情防控的需求，上海在全国各地中率先推出“随申码”。而实际上“随申码”从研发到上线不足 24 小时。当城市发生公共卫生事件时，上海市政府一面有效开展防疫措施，另一方面就开始思考如何让市民的生活不被中断？而“随申码”的应用，恰恰就是为了保障城市生活的可持续以及市民出行、生活和工作时的安全需求。事实上，小小的一个码背后隐藏着高科技，为了能够实现有效识别，大数据、云计算、5G、人脸识别、数据隐私保护、“一网通办”等数字化手段轮番上阵，城市管理者开始用数字化理念为市民生活保驾护航。

上海市政府 2021 年 7 月 27 日公布的数据显示，上海政务服务“一网通办”推出的“随申码”服务，累计使用已超 37 亿次，还在不断开发新的应用场景。随申码的应用是上海城市应急管理数字化转型的一个缩影，也是普通市民接触应急管理最多的一个场景，更是“一网通办”核心理念“高效办成一件事”的充分成果展现。2020 年重点选取的“15 件事”全部上线，平均减环节 69%、减时间 54%、减材料 75%、减跑动 71%，2021 年重点推进 12 个“高效办成一件事”。

那么说到城市应急管理，究竟什么是应急管理呢？中华人民共和国国务院在 2008 年 1 月 8 日发布《国家突发公共事件总体应急预案》，其中规定：突发公共事件是指突然发生，造成或者可能造成重大人员伤亡、财产损失、生态环境破坏和严重社会危害，危及公共安全的紧急事件。根据突发公共事件的发生过程、性质和机理，突发公共事件主要分为以下四类：自然灾害、事故灾难、公共卫生事件、社会安全事件。各类突发公共事件按照其性质、严重程度、可控性和影响范围等因素，一般分为四级：Ⅰ级（特别重大）、Ⅱ级（重大）、Ⅲ级（较大）和Ⅳ级（一般）。

城市应急管理的数字化

2020年初暴发的新冠肺炎疫情是一个典型的公共卫生事件。在以大数据及人工智能为代表的新兴技术发展背景下，应急管理数字化转型成为社会发展大势所向。它围绕国家赋予应急管理新的历史定位和职责使命，通过强化智能化数据采集、数据分析与模型算法创建、云计算及人工智能、数据驱动决策与数据联通各部门等建设内容，构建跨部门、跨职能、跨地域的应急管理数字化转型整体架构，实现突发事件应急管理模式从“条块化、碎片化”向“系统化、综合化、一体化”转变，推动应急管理事前、事发、事中、事后全环节及时、协同、高效运行，形成“数据驱动、平台支撑、技术赋能、整体协同、模式创新”的应急管理新格局，全面提升应急管理的科学化、精细化、智能化水平。应急管理的数字化强调“三个统一”，即“统一数据调度”“统一指挥决策”“统一协同工作”。要实现这三个统一，数据要素的开放共享、以数据为要素的城市资源管理体系以及“一网统管”和“一网通办”就成为城市遭遇突发公共事件时，政府与主管部门以及市民百姓赖以做出反应的基础。

而数字化手段赋能应急管理的另一个价值就在于全民互动。通过移动互联网、5G、各类智能终端，今天的市民无论是接收还是提报信息都变得非常方便。许多潜在的风险点都可以通过大数据分析舆情、交通、天气和环保等数据提前发现。而“人民城市”就意味着每一个在这座城市中的人都是应急管理的参与者，通过全市人民的共同努力，才能真正做好风险的预测、应对与恢复。

上海城市应急治理的数字化发展未来

上海的城市应急管理已经上升到应急治理的高度，一字之差体现了上海在应对各类危机时的心态与理念差异。如果说应急管理更多是在针对危机本身的事前、事中和事后管理，那么应急治理则更多强调对潜在引起危机的各类要素的提前研判与管控。上海已经建设高效处置突发事件的联动指挥系统，支撑市城运中心统筹支援、现场决策，实现前线指挥部、后方指挥部、专业指挥部跨地域的联动指挥。多数危机与风险通常不是无理由或是孤立事件的，而是由多种看似不相关的因素联合诱发的，因此上海的应急治理将更多体现在体系整合能力、数据驱动能力、平台服务能力和全民参与能力方面。总结城市应急管理的上海模式就是数据守“沪”，服务每一个市民。上海在成为最安全的国际化大都市的同时，也构建起坚不可摧的数字化防线，保障城市的可持续发展。

29 智慧交通的上海实践

数字化如何助力上海的交通治理

你知道上海在一天 24 小时内什么时间段最容易发生交通事故吗？你知道上海大大小小的马路中哪些路段是事故多发地吗？那你又知道上海的家用车、出租车、商用车以及工程车辆分别容易在哪些路段遇到危险吗？ 在《上海市道路风险地图（2017 版）》中，刚才的问题全都有答案。上海的数字赋能城市治理成效显著，我们打造务实管用的智能化应用场景，在过去的一年中重点建设“城市之眼”、道路交通管理（IDPS）等。交通是反映一个城市治理能力最直观也最重要的评价维度。而道路交通的实时跟踪与汇总分析数据将是城市交通治理最重要的手段。通过分布在各个街道路口的交通灯、摄像头以及警用探头等物联网设备，城市的大数据治理平台可以实时感知到每一条路、每一个地方目前的车辆行驶状态，各地人流与车流的行进路线，进而预测出可能的拥堵点，也及时针对现有的拥堵点给出解决方案。而这只是大数据驱动城市交通治理最基本的功能。

上海交通行业数字化转型的“五个新”

2021年4月26日上海市发布了《上海市交通行业数字化转型实施意见（2021—2023年）》（简称《实施意见》）。《实施意见》提出了“建设数字化设施，推进交通经济新转型”“强化数字化监管，形成行业治理新模式”“推广数字化服务，创新交通生活新场景”三大主要任务，并列出了60项数字化转型项目清单，包括智慧轨道、自动驾驶、智慧港航等。所有的核心内容可以总结为“五个新”——“新基建、新格局、新布局、新融合、新场景”。

“新基建”主要通过数据库技术结合最新的数字孪生科技，为上海的道路交通建设一个在虚拟世界的仿真投影，通过对仿真投影后的虚拟车辆、人流、道路、轮船、飞机等各类移动物体及道路路线的模拟分析，实时汇总在真实世界的交通状况，实现对交通治理的智能化应用。

“新格局”主要是“两个枢纽，一张网络”。通过建设智慧高效、服务完备、品质领先的国际集装箱枢纽和世界级航空枢纽，构建开放融合、绿色安全的枢纽集运体系，提升空、铁、陆、水多式联运的服务能力，最终打造高品质航运服务网络。

“新布局”主要针对支撑上海“五大新城”的发展。深入布局和优化嘉定、青浦、松江、奉献和南汇等5大新城交通基础设施，推动新城综合交通基础设施建设。

“新融合”主要推动交通“两网融合”。通过交通行业的“一网通办”强化交通综合业务平台建设，汇集市民、交警和车辆管理等多方面的提报的政务数据，进而推进交通“一网统管”，用一套平台打通各个业务办理场景的所有信息和材料需求，体现交通政务从单纯的高效管理向为市民服务的理念转变。通过跨场景的驱动实现交通领域跨部门和跨行业的数据共享，让市民少跑腿、少准备材料，实现让数据代替人力推进业务申办和审批。

“新场景”主要针对出行与物流两大核心交通需求，为市民及城市构建高品质与高效率的服务场景。上海将探索一站式出行模式，建立政企联合推进机制，实现实时、全景、全链交通出行信息数据共享互通，融合地图服务、公交到站、智慧停车等既有出行服务系统，推进出行即服务系统（MaaS）建设；丰富个体出行场景，深入推进“便捷停车”“一键叫车”等生活数字化示范场景，“上海停车”APP将深化建设“查询一张图、支付一平台、共享一键达、预约一入口”四大服务场景，实现一图查询全市各类停车设施分布信息。通过数字化转型，实现城市交通服务的体验升级。而面向老年人和残障人士的交通服务改进措施，正在逐渐消弭原先的“数字鸿沟”。

数字化为上海提供高品质的出行环境

对于市民而言，城市交通的治理核心在于“安全”和“便捷”。通过数字化的手段，在出行安全方面保障市民遵守交通法规，维护安全良好的通行环境。同时也为大型物流车辆及高危特种车辆的出行提前做好安全路线规划与行车提示。而以“一网通办”为统一入口，方便市民的各类涉及交通业务的申办。而地图导航功能的完善将使得自动驾驶和市民出行规划更加安全和智能。

如今在上海浦西世博园区、黄浦泛外滩地区等试点应用的智能交通信号灯管理系统，使道路通行效率平均提升10%。在外滩、国展中心等路口应用的国内首创行人过街提示系统，可以自动检测、提示警告闯红灯违法行为。有关部门还研发了查处“机动车噪音”“隧道内驾车不开灯”等问题的多功能、复合型的电子警察，使道路通行秩序明显好转，城市环境更加安静。上海交警还利用大数据、智能识别等科技手段，比对分析“失格”驾驶人、“假牌套牌”机动车、多起交通违法逾期未处理等违法线索，精准清除交通隐患。目前，“互联网+”正在融入上海的交通治理中，形成以“上海交警”APP为主的全覆盖式网上交通管理业务集群。全面实现65项车辆、驾驶员相关行政审批事项“一网通办”，推广“车管到家”服务，补换领号牌、行驶证等27项业务实现一键办理。据统计，近年来上海道路交通事故数、死亡人数、受伤人数持续下降，2018年同比分别下降了6.3%、5.2%和6.8%，创历史新低，日均交通类110警情同比下降12.4%。在上海，通过中心城区地面道路的感应线圈、光缆和道路监控设备，各种交通数据云集成一个“数据仓库”。以早晚高峰交通信息发布为例，路口的车辆数量和速度变化的数据信息，从搜集到在全城高架和地面道路信息诱导牌上发布，全程只需2分钟。

数字化保障上海交通行业的全天候持续服务能力

2021年台风“烟花”气势汹汹地准备登陆上海，在送来狂风骤雨的同时，还直接导致上海多条轨交线路停运和限速。在上海这座深度依赖轨道交通的超大城市，天气和气候的变化究竟会给轨道交通运营带来什么影响？每天都要依靠轨道交通通勤的你，是否也感受到了风云变化给轨交安全运营带来的变化？一份上海轨道交通系统气候风险地图已为上海市轨道交通安全运行提供决策支撑：除了台风天气，包括冰冻雨雪、低能见度（雾霾等）、高温热浪、暴雨雷电等天气和气候事件都会给轨道交通的安全运行带来影响。目前上海的交通治理数字化转型项目中就有专门针对城市应急响应智能化防控体系的建设。通过建设集监测、响应、决策、管理于一体的交通应急指挥协同平台，提升应急响应协同能级和处置效率。通过大数据预警分析，实现大客流、事故及灾害智能研判预警技术，保障市民的出行需求及安全。

上海城市交通数字化的未来

城市的交通治理不是单独存在的，交通大数据与城市其他方面的数据互联互通，才是解决交通治理的最佳实践。未来通过城市“数字孪生”与5G物联网技术的融合，整合市民出行、停车场、公共交通以及企业经济生产运行等方方面面的数据，智能化的交通治理将为上海市民带来更加安全和便利的出行，用数据规划城市道路交通的疏堵之策，使交通信号灯可以根据实时路况自行判断红绿灯的转换时间。上海的地铁建设将可以根据“城市数字孪生”和 CIM 系统模拟未来 20 至 30 年的城市发展状态，让规划提前，让建设留出足够的发展余量。结合错峰出行、停车场 BIM 管理系统和大量远程指挥系统，司机在到达预定地点前 10 分钟就可以预约并锁定自己的最佳停车位。

数字化带来智能，而智能赋予上海的是市民服务。上海的交通数字化治理为上海城市的可持续发展，提供高品质的出行生活体验梳理标杆。

30 如何用数字化技术带给上海青山绿水

《上海市生态环境保护“十四五”规划》总体目标要求，到2025年，生态环境质量稳定向好，生态服务功能稳定恢复，节约资源和保护环境的空间格局、产业结构、生产方式、生活方式初步形成，生态环境治理体系和治理能力现代化初步实现，让绿色成为上海城市发展最动人的底色，成为人民城市最温暖的亮色，为早日建成令人向往的生态之城和天蓝地绿水清的美丽上海奠定扎实基础。那么，数字化如何让上海城市生态环境“十四五”规划达到目标？

跨区域跨城市联动，保障上海城市天更蓝

过去，我们每天出门之前总是关心今天天气如何，会不会下雨？会不会有雾霾？但随着生活质量的提高，大家都养成了一个习惯，开始关心我们今天空气质量怎么样，PM2.5是否超标？是不是

可以出去跑跑步锻炼锻炼身体？那么，上海这座拥有 2 500 万人口的城市在空气的科学管理中运用了哪些科学方法？

长三角生态环境部门共同联动，推动“长三角大气超级站质控质保体系技术规范”项目研究，形成大气超级站质控质保标准规范，为长三角区域大气超级站监测奠定坚实基础。上海长三角区域空气质量预测预报中心为做好长三角区域空气质量预测预报，开展长三角区域（上海、江苏、浙江、安徽和江西）空气质量数据共享，并形成预测预报的工作机制，共同开展长三角区域未来 7 天空气质量指数预报、臭氧浓度周报和 15 天污染潜势预报。通过长三角区域空气质量预测预报系统，实时接入长三角区域重点地级城市空气质量常规监测数据，实时共享预报信息，并在进博会等重大活动保障期间，共享四百多个省控监测站点、近 20 个超级站、10 多个 VOCs 加密监测站、1 000 多个重点污染源排口等在线监测数据和近六万家企业排放清单数据，用大数据为上海城市空气质量保障和精准施策提供有力的数据支撑。

数字化管理与人人参与，
让扬尘监管无死角

扬尘污染是影响城市空气环境质量的一大主要因素。渣土车装载的货物以建筑工地上的泥土沙石为主，经常在城市道路行驶中发生散落地面的现象。污染了道路，同时危害路面上的其他机动车和

非机动车的行驶，成了城市道路扬尘的主要危害原因。对环境污染和破坏是非常严重的，极大损害了城市自身形象。在城市扬尘监管上，已安装联网的扬尘在线监测设备上千套，实现了对扬尘污染全方位、全覆盖的实时监控。扬尘在线监测数据已成为上海城市开展扬尘污染防治工作的重要数字依据。依托扬尘在线监测数据，政府部门每周对各区扬尘污染情况进行通报，督促各区、各部门按职责做好扬尘污染防治工作。

当市民发现有渣土车辆未封闭，造成道路尘土飞扬怎么办？市民怎么参与举报？徐汇区通过“汇治理”小程序让举报人上传视频录像作为佐证，区生态环境局立即核实举报人上报的影像证据，根据举报人拍摄的车牌号，迅速锁定车辆，并借助徐汇区“一网统管”指挥平台将该案件发送至区城管执法局。区城管执法局收到举报案件后，通过视频证据锁定渣土车运营企业的相关负责人信息，并展开执法行动。这个举报、核实、处理的数字化管理平台，打破以往执法部门各自为政，信息流通不通畅等问题，提高了部门联动的高效处置能力。让数字管理技术成为市民与政府部门沟通的桥梁，使人人参与扬尘治理，解决管理机构在城市道路上管理的盲区。

数字化赋予城市水环境的治理科学化

水是生命之源，茶余饭后走在河边，清风拂面，总让人有惬意舒畅的感觉。清澈的河道能让市民感受这个城市水的温度，觉得这里更加宜居。当然还有最重要的一点，拥有良好水环境的区域，周边经济价值的升值空间也是满满的。

走在河道堤岸上，人们常常会看到一块公示牌，写着河道管理主要负责人和管理河道的距离等信息。其实除了管理部门人员，还有上千志愿者在共同保护着我们清凉透彻的河道。比如浦东全区就有各级河长 1 300 多人，此外还有 1 000 多名民间河长、6 000 名护河志愿者，形成了从政府到社会、从公职人员到民间人士的“社会共治、信息共享、责任共担当”的全域管控网络，共建市民、管理者、城市发展三位一体紧密关系。为了更好负起河长应有的责任，“河长 APP”和 PC 端“水务云平台”上，就有 1 500 多名管理者注册使用，实现智能化巡河，全面推动从发现情况到处置，到流转、归结的全生命周期的智慧管理，及时发现问题，处理问题。

太浦河是上海一级饮用水源保护区，在保护我们市民饮水源上，长三角生态绿色一体化发展示范区生态环境管理建设了太浦河沿线饮用水水源预警监测体系，实现一体化示范区内太浦河及其主要支流重金属锑等特征污染物在线预警监测布点建设及数据共享。开展太浦河干流上下游抗生素联合试点监测。加强规模化畜禽养殖地下水抗生素监测。通过 5G、大数据、人工智能等科学技术，保障我们市民喝下的每一滴水都是安全的。

双碳目标下企业数字化发展对市民生活带来怎样的影响

2020 年 9 月 22 日，习近平在第 75 届联合国大会一般性辩论上表示，中国将“提高国家自主贡献力度，采取更加有力的政策和措施，二氧化碳排放力争于 2030 年前达到峰值，努力争取 2060 年前实现碳中和”。这一表态展现了我们应有的大国担当和责任。同样，这一承诺也展现了中国人民坚定建设美丽家乡、美丽中国的决心。

双碳目标下，企业实行碳排放精准管理、碳排放目标管控、碳资产管理等，利用大数据、人工智能、物联网信息化技术等一系列有效数字化管理手段，进行节能减排、能源结构转型、清洁技术发展，从而降低碳排放对环境的影响，使人民生活环境越来越好，真正使乡村、城市天更蓝水更清。

双碳目标将对普通市民生活习惯产生改变。为了在全社会推动形成绿色低碳的生活方式，提升公众碳减排的意识，上海正在紧锣密鼓地筹备上海“碳普惠”工作，把包括绿色出行、简约包装、垃圾分类等在内的各种低碳行为，所减少的二氧化碳排放量核算出来成为数字，变成每个人账户里的“碳积分”，再通过对接上海碳交易数字平台、各个商业消费数字平台，让公众通过低碳行为实实在在获得实惠。

“人民城市人民建，人民城市为人民”，让上海这个城市天更蓝水更清，除了数字赋能城市管理精准施策外，还需要我们每个市民共同作贡献。

31 “便捷就医、智慧养老”的上海实践

上海“十四五”规划发展纲要中指出，“加快优质医疗资源扩容和均衡布局，构建整合型、高品质卫生健康服务体系，全方位全周期保障人民健康”。“全面完善居家社区机构相协调、医养康养相结合的养老服务体系，推动社区嵌入式养老服务更加方便可及、机构养老服务更加专业、家庭照料能力显著增强，老年人生活品质和生命质量持续提升。”

根据人口普查，上海有着 2 500 多万常住人口，60 岁以上老人占到全市户籍人口近 40%。上海市政府面对这么庞大的人口基数，要推进健康上海建设，应对人口老龄化会有哪些举措呢？

上海的医疗健康数字化是有基础的。本着“人民城市人民建、人民城市为人民”的理念，早在 2015 年，上海发布了全国第一朵“健康云”。发展至今，“健康云”已从单一的慢病管理平台转变为“互联网 + 医疗健康”市公共服务的统一入口，为就医和养老提供“预约挂号如约至”“健康档案随时查”“预约接种不用等”“亲情账户亲人管”“家庭医生在线签”“慢病管理医生帮”“体征指标

智能测”等7大核心应用。一路走来，上海“健康云”荣获多个大奖：2019世界人工智能大赛医疗方向第一名、国家发改委“互联网+”行动典型案例、第20届国际软件博览会金奖、长三角医疗卫生治理最佳实践案例、上海医改十大创新举措等。未来上海医疗健康数字化将从便捷就医和居家养老两方面不断推进。

便捷就医，把医院装在手机里

2021年6月，上海发布《上海市“便捷就医服务”数字化转型工作方案》，计划通过7个“便捷就医服务”应用场景建设，推动就医流程革命性再造和高质量发展，切实提升老百姓就医便捷度和获得感。这一举措标志着“互联网+医疗健康”迈入发展快车道。

“三长一短”是“看病难”的流行说法，即挂号、候诊、收费队伍长，看病时间短。随着“互联网”技术的应用，通过流程再造、规则重构，实现减少就医环节、节省等候时间。

在当前健康云已实现的线上预约基础上，实现预约即挂号，挂号即支付，减少预约后仍需现场挂号付费的排队现象。在患者诊前等候时，为患者提供预问诊服务，提前形成患者病情症状、采集病史信息，供医生便捷查看、了解患者病情。就诊时，患者14天内平级或上一级医疗机构做过的相同检查检验项目互认结果，减少“不必要”的重复检查，让患者省钱又省心。患者完成就诊后，个人支付费用直接从绑定银行卡或信用就医额度内扣除，不必再排队付费，实现“无感支付”。

以上这些环节均已在试点医院实现。在互联互通互认方面，上海市、区、社区医院接入率达100%，市级医院互认率达94.2%、区级92%。通过线上线下付费环节的融合，预计减少候诊排队时间平均45分钟以上。全面提升了群众就医便捷度、体验度和满意度。

在已实现的手机预约、挂号、叫号、健康档案、查看报告、支付的基础上，下一步将扩展电子病历，通过医保电子记录册实现“脱册就诊”。针对住院患者，实现电子化出院小结。很快就将实现“一部手机走医院”。

对于没有时间去医院的患者，实现了“把医院装在手机里”。2019年上海新建了第一家互联网医院，2020年首批13家公立医院挂牌“互联网医院”。执业范围为常见病和慢性病患者随访、复诊和家庭医生签约服务。有了互联网医院，患者可以通过手机问诊、购药。未来，互联网医院还将整合医生资源，为患者提供专职医生、护士、全疗程管理师专业化团队，根据患者病情，提供全疗程、点对点服务。

数字化转型不是一蹴而就，医疗卫生更是民心工程。每个流程的重塑都需要经过验证，每项新技术的使用都需要检验。本着成熟一个推广一个的原则，数字化转型场景逐个设计、逐个验证、逐个推广。计划2021年6月底前完成11家试点市级医院、4个试点区卫生健康委的试点工作，于9月底前实现60%的医疗机构完成“便民就医服务”数字化转型场景全市全覆盖。目前，在瑞金医院试点示范的基础上，已经推广到区级医院和街镇医院。

5G 和人工智能技术给医疗卫生行业带来了极大的利好作用。在急救领域，利用 5G 通信技术，救护车在接到患者的第一时间，将患者体征以及病情等大量生命信息实时传送至各级医疗机构并同步 120 指挥中心，帮助急诊医生提前制定抢救方案，实现患者“上车即入院”。

在远程医疗协同领域，2018 年，国内首家“国家远程医疗与互联网医学中心儿科协同中心”落户上海，实现远程会诊、远程手术直播、远程查房、远程教学、远程科研等多维度的工作模式，今后将致力于建设覆盖全国 31 个省、直辖市和自治区，网点数量突破 4 500 个。2020 年成立的长三角（上海）智慧互联网医院，实现了影像、病理、教学、检验等几大远程业务，在长三角推进了优质医疗资源共建共享。

在诊断方面，智能诊断助手可以帮助放射科医生阅片，诊断一张胸片只需要 0.08 秒。上海企业研发的人工智能慢病识别系统可以自动读取眼底照相机拍摄的视网膜影像，利用算法模型就可以对相关慢病完成快速识别、分析、筛查。

未来，上海计划使用两年时间将一家三级医疗机构打造成未来医院。构建全面支撑 5G 通信基础环境，部署一批智能终端和国产智能医疗器械设备，推动就诊服务、医生诊疗、应急急救、内部管理等各环节形成智慧化应用，力争打造有别于传统智慧医院的“未来医院”创新示范院区，形成从“以治病为中心”向“以人民健康为中心”的转变。

居家养老，把福祉送到家里

2020年，上海发布首批12个智慧养老应用场景需求，聚焦长期困扰亟待解决的养老需求，结合物联化、互联化、智能化技术，推动智慧养老产品和服务落地应用，为老年人提供实时、快捷、高效、低成本的养老服务。

首批应用场景发布后，受到科技企业的广泛关注，各区民政部门和街镇积极开展场景落地应用。2020年由市民政局等主办的第八届中国老年福祉产品创意创新创业大赛上，涌现了智能药盒、非接触式人体行为异常检测设备、智能康复机器人等“适老”产品。上海多个社区推行了智能水表、门磁系统、烟感报警、AI外呼、红外检测等智慧养老服务和产品，安装在独居老人家中，让高科技“守护”居家养老的老人。

陆家嘴街道梅三居民区的社区助餐点，引入了“刷脸吃饭”的智能应用。老人取餐时，将加装特定芯片的餐盘放到收银台上，智能系统就能自动识别出菜品价格。支付时，通过人脸识别自动扣费。老人们“刷刷脸”就能吃饭，十分方便。

2021年，上海发起了数字伙伴计划，对全市100个首批公共服务的网点和43个政府部门的APP开展适老化改造和无障碍改造。同时，招募了1 000多名信息助理员，帮助老年人学会用手机，使用像随申码这类的数字化产品。

目前，上海已有729家养老机构，其中不少机构已将“智能”元素嵌入到养老服务中。如今在养老院，每走几步路就有大字号标识的“紧急呼叫按钮SOS”。“防跌倒预警系统”能够为老人记录日常轨迹，守护老人安全。“全自动便器消毒系统”方便卫生，“智能小药房”为老人记录每种药的已服用量及存量，疫情期间“无接触消毒机器人”每天两次喷洒消毒。此类将新技术融合到服务场景的方式，使得养老服务越来越贴心。

未来，在政府、社会、企业等各方通力合作下，上海人将乘坐“便捷就医、智慧养老”这辆快车，享有更优质便利的健康生活。

32 中国最安全城市是怎么建成的

市民是城市之本，如何保证全体市民的安全是我们广大警务战线同志们孜孜不倦的追求，从 2017 年 9 月开始，在智慧城市、智慧政府框架下上海开始建设智慧公安。到 2019 年 7 月 25 日，上海市公安局数据处揭牌成立，这是全国省级公安机关中首个独立的“数据警察”部门，其成立标志着上海公安全面进入“数字警务时代”。2020 年 11 月 25 日，上海市委十一届十次全会首次提出“全面推进城市数字化转型”，结合城市数字化转型不断深入，超大城市的平安建设也不断进阶。

警务服务“一网通办”，让市民更便捷

2020 年 10 月 14 日上午，徐汇区漕河泾社区事务受理服务中心，原籍浙江湖州的王女士，仅用几分钟就完成了落户手续，成为沪浙两地户口迁移“一站式”办理新政的首位受益者。这次跨省户口迁移，王女士没有来回跑上海市和浙江省，而是在社区事务受理

服务中心一站式办理完成了落户。

上海还不断拓展便民服务举措范围，在全国范围率先试点推行证件照片“一次采集、多次复用”，支撑各政府部门调用，并在公安各政务服务窗口以及交通执法、宾旅馆住宿等场景全面应用。依托智能警务终端上线“一网通办”轻应用，群众只需要电子亮证，大幅精简了办事材料和环节。此外，通过打通数据链路，“一网通办”实现了开具户籍证明、网上户口迁移等7个事项长三角跨省通办，电子驾驶证、行驶证、身份证实现沪苏浙皖跨省份互认应用，群众可免带实体证件出行、住宿。让市民切实感受到了数字化治理带来的便携性。

安全保障，让市民更安全

不仅在警务服务上积极转型，上海警方在保障市民安全方面，也是广泛应用数据融合的各类数字技术进行一网统管，有力保障了市民的人身和财产安全，提升了市民的满意度。

电信网络诈骗离不开信息流和资金流。反诈民警一方面会同通信管理部门和通讯运营商，全力研究落实防阻措施，预防诈骗电话和短信流入。另一方面联手银行和第三方支付机构，建立“接报即止付”机制，在接到群众报警的同时，努力做到秒级止付响应，防止资金流出。同时紧盯诈骗犯罪动向，动态调整预警数据模型，通过涉诈电话智能识别、诈骗短信拦截系统等“黑科技”做到精准防控，为保护群众的财产安全做出了巨大贡献。

在大型活动中，为兼顾安全与秩序，上海警方把核酸检测证明、健康管理作为证件申领激活前置条件，会同上海市大数据中心建立健康数据滚动核查机制，实时共享比对数据，及时调整证件通行权限，既保证了防疫安全，又解决了入口人员积压，影响进场通行速度的问题。

事实上普通市民无论是通过影视剧还是新闻报道所接触的警务都只是冰山一角。真实的公安警务工作可谓纷繁复杂，几乎涉及一个城市治理的方方面面。上面几个只是上海在警务治理数字化方面的几个小例子。

此外，上海正在大力深化智慧政法新应用，推动公安、法院、检察院数字化转型，加强政法系统协同衔接（市公安局牵头建设的“城市之眼”系统，针对各部门视频建设、AI 识别算法研发需求，以及对资源不共享的各种意见，建设了统一视频可视、可算平台，接入了 30.8 万路视频，从人眼、鹰眼视角可快捷查询到城市和事件实景，实现一屏观天下；同时又汇聚依图、商汤、旷视、海康等企业的 150 多种算法建立算法库，针对跨门营业、违停、下立交积水、墙面松动、人员异常集聚等各类城市管理问题，采取拖拽算法覆盖视频的方法，快速得出智能分析结果，并推送至管理部门处置）。

城市安不安全，群众最有发言权。作为超大城市的上海，公众安全感连续八年实现提升。2021 年，上海被《经济学人》评为世界最安全城市之一，内地最安全城市，上海的数字化的警察队伍和“数治”化的警务模式，引领着超大城市平安建设的数字化转型，让这座人民城市倍加安全，更有温度。

33 城市数字化赋能社区治理的上海实践

社区是普通市民生活中会接触到的最基层治理单元。今天几乎每一个市民都身处于某一个社区之中。作为城市治理中的毛细血管，社区治理通常面对多部门管理、“条”“块”力量不统筹、治理与民生服务边界不清晰，造成老百姓对社区治理的诸多误解。

2020 年 6 月 17 日，上海市召开社区工作会议，探讨如何做好社区治理赋权增能的“加法”、减负减压的“减法”、科技赋能的“乘法”、革除弊端的“除法”，完善党建引领下的共建共治共享社区治理格局，赋能居村委自治共治、主动服务、减负增效，提升社区治理规范化精细化水平，全力以赴把人民群众安居乐业的家园建设好，让生活在这座城市的人们更加安心、舒心、暖心。

数字化赋能社区治理是为基层减负增效的关键，而关键中的关键是数据赋能，比如实时动态的人口数据、疫苗接种数据等，下一步上海将夯实社区主题数据库，统一标准规范，融合各类社区核心数据资源，减少基层重复采集。5G、人工智能、大数据、AR/VR 等日新月异的高科技出现满足了社区市民对智慧社区的期盼。那么数字化到底是如何提升社区治理能力的？让我们来看以下几个案例。

物联网解决悬在城市上空的痛

高空抛物，它曾是与“乱扔垃圾”齐名的一种不文明的行为，具有很大的社会危害。在过去几年，针对中高层高空抛物的治理基本上是运用监控摄像，但如果抛物时间点不确定，高空抛物速度又很快，物业人员只能盯着录像一帧帧地查，耗费大量人力和时间。发生高空抛物时，社区居委会也为之头疼。工作烦琐不说，且大部分高空抛物事件跑了半天，没有任何结果，费时又费力。

随着科技不断进步，上海部分小区已开始安装高空抛物智能监管系统。它改变了过往的视频监控方法，赋予视频监控设备数字“大脑”，有对图像进行数字化分析和判断的能力。当发生高空抛物行为时，自动捕捉定位抛物位置，数字监控设备实时捕捉物体坠落轨迹，分析物体从哪个楼层哪个单元坠落，快速锁定楼层与抛物单元责任人，第一时间发送警报和图像到物业管理大屏上，提醒工作人员进行处理。社区高空抛物数字化管控对不文明市民有了强有力的震慑作用，提升了居民们的安全感，保护了我们“头顶上的安全”。

高科技赋能减压垃圾分类管理

上海实行垃圾分类已经有两年时间，居民区干部们挨家挨户宣传垃圾分类的必要性，上万名志愿者坚守在各个社区垃圾箱房旁为居民垃圾分类解疑释惑。日晒雨淋，用全心全意换来了目前千家万户垃圾的准确分类和优美的社区环境。不仅如此，大量数字化科学管理手段提高和保证了社区垃圾分类的精益管理。

第一，网格中心巡查员每日通过社区政务平台都对垃圾箱房进行视频巡查，发现问题，第一时间在工作群内下发整改通知，改变以往各社区巡检周期长、效率低问题。第二，在社区垃圾收集上，5G 智能垃圾箱房引领垃圾终端的数字化时尚，可实时监控、自动轮询，快速掌握辖区内垃圾分类不达标、违反定时定点投放垃圾的违规情况。第三，在沿街商铺垃圾收集处理上，现在部分社区街道已采用签到打卡形式，商铺在进行投放垃圾的同时，还会在工作人员终端上打卡。第四，针对垃圾分类到处置回收的整个生命周期管理，打通了城市执法、市场监管、网格管理等平台数据以及社会信息，建立全程垃圾分类可追溯信息化系统，健全了整个闭环的监管体系。第五，楼道居民乱堆杂物垃圾，通过回声监测原理来确定传感器测量范围内物体的大小和距离，并发出警报来阻止乱堆物现象。

有了这些科学的社区垃圾分类精益管理手段，极大减轻了网格巡查员工作负担，提高了工作效率，管控效果也极大提升，社区垃圾实现了全生命周期闭环管理，减少了垃圾满溢、泄漏、清运等各种问题，提升了居民幸福感。

大数据护航疫情人员流动管理

疫情期间社区常有居民因工作需要而到外地出差旅行的经历。按照防疫要求，居民出差外地或中高风险地区需向所在地社区报备并填写行程表。有些城市还需要提供来本地区人员 48 小时内核酸检测报告。在进入火车站、机场等人群密集交通枢纽时，需要出示健康码和行程码。那么有些居民没有主动向社区报备，但社区却来电核实本人外出信息是怎么回事？这是通过您手机出示的健康码和行程码，在城市间行动的数字轨迹来得到您是否进入中高风险地区的信息，并推送至防疫部门流调信息管理中心。目前，疾控部门和社区都会参与到防疫流调工作中。通过大数据分析，让社区管理者加强了对流动居民的管理，防止了疫情引入或者外流所造成的社会危害，为社区居民安居乐业保驾护航。

数字化赋能社区治理更有温度

停车难一直是困扰小区日常生活非常棘手的问题，过去为了抢车位可以说用尽各种方法。停车诱导系统完美地解决了这一困扰。原来在小区车位上加装了车位监测传感器，通过传感器捕获到的车位信息发送至小区入口的大屏上，业主回家停车可以直接根据屏幕上的空位信息，将车辆停到所需的车位，方便快捷，减少了因抢位停车问题而发生的邻里关系不和睦问题。

谁家没有个头疼脑热，年轻人上班节奏快，年纪大的人跑一次医院不方便，往往能拖则拖；深夜突然肚子疼看病也不方便，能忍则忍。24小时智能问诊+售药机解决居民小毛小病问题。社区有了这个24小时智能问诊+售药机，居民可以直接向智能问诊设备询问病情，并及时得到结果和药物，让这些身体上的小问题全部在家门口解决。

残疾人补助金怎么领？该什么时候领？需要什么材料？可以领什么护理用品？在哪领？老年人有哪些社区福利？失业人员怎么找工作？这一系列居民急难愁事将得到解决。现在通过社区智慧服务系统，社区管理者针对弱势群体、沉默的少数，服务和管理上更有温度，及时将精准化的政策推送到每个需要的居民手上，将被动服务变为主动服务，对于残障人士和老年人除了推送消息外，还派社区工作人员上门帮助，并通过手机终端为弱势群体解决各方面的需求和困难。

社区智慧养老，紧守质量安全的底线

上海是最早进入老龄化的城市，社区居家养老是上海最为突出的民生问题。至2020年底，1 200多家居家养老服务机构犹如雨后春笋般不断涌现。那么如何紧守质量安全的底线，保护老年人的权益，是摆在监管部门面前的重要问题。居家养老智慧管理系统解决了这一困扰。系统包含居家养老服务、行政监管、养老服务微平台、智能穿戴设备等各个数据汇总。让分散的社会养老服务资源、民政监管服务信息、机构服务信息、老人享受服务信息等整合到一起，实现养老需求和养老机构提供的服务精准对接。促进政府对所在地养老服务机构的安全监管、政府补贴资金的发放监管、养老服务的保质保量保底线的运营规范化变成现实，最终可以形成老年人、社区养老机构、政府三方的连接通道。

社区云构建社区云上治理平台

通过打通各个社区治理部门数据孤岛，更好地把要素和资源整合到一个社区云治理平台上，推动了社区数据共享，为社区精益治理、精准施策提供支撑。据了解，“社区云”平台于2019年12月份上线试点，目前已在上海市浦东、黄浦、徐汇、长宁、静安、普陀、宝山、松江、崇明9个区的20多个街镇试点。

以前的社区工作大多依靠基层社工队伍跑楼道敲门，凭主观经验臆断、被动处置小区急、难、愁、盼等民生问题，已跟不上城市高质量发展、高品质生活的步伐。“社区云”把“一网统管”延伸到街镇、村居的畅达枢纽，也是基层一线工作者管用、好用的工作平台，更是提升民主协商、公众参与的开放端口。“社区云”有效实现了数据向上对接、向下兼容、左右互通、统一管理，打通了市里各条线包括区里的家门口服务、党建、多表合一等系统，可以更友好地实现数据直达、贯穿、共享，特别是“社区云”的开放性，让数据从基层采集，经过市里、区里的清晰整理后再反哺到基层，从而助力“一网通办”今后基础底数的准确性。新冠肺炎疫情期间，

“社区云”更是发挥了意想不到的作用。在一个不见面的时代，“社区云”就是社区治理的关键点和重要窗口。

“社区云”治理工作平台，作为一个减负增能工具，从最基层治理角度体现了用数字化方式创造性解决超大城市治理和发展难题，引领城市社区数字治理新模式。

未来社区将会是“人人参与”的社区治理，覆盖社区议事、银发关怀、访客管理、车辆管理等各类场景，让社区治理更加精准，人民生活更加便捷。促进党和政府、市民群众之间的联系更加紧密。使社区治理的“最后一公里”变成“最美零距离”。

34 上海教育数字化转型了，孩子上好学校还远吗

义务教育均衡发展是《义务教育法》的重要内容之一，也是各级政府的职责所在。在2021年7月29日上海市发改委发布的《上海市促进城市数字化转型的若干政策措施》中，明确提到“运用数字化手段推进教育资源均衡，完善教育数字化”。

2020年初猝不及防的疫情，也意外开启了一场关于义务教育均衡发展的实验。为保障疫情期间中小学教学活动的有序开展，上海市采取了“空中课堂”在线教学模式，通过优课示范，双师教学的模式统筹全市优质教室资源，大力促进教育公平，为疫情后上海义务教育资源实现更高程度优质均衡发展提供了新思路。

面对这场突然袭击的大考，上海市教委联合各相关部门统筹教学资源、共享优质资源，多渠道、多终端、全覆盖的教学模式没有让一个学生掉队，交出了一份优异的答卷。成绩的背后是教育系统多年的数据治理和数字化转型能力的综合表现。

2021年9月16日，教育部官网发布《教育部关于同意将上海作为教育数字化转型试点区的函》，教育部同意将上海作为教育数

字化转型试点区，尽快启动并加快推进试点区建设工作，也是对上海教育数字化转型工作的肯定。

那么，上海教育的数字化转型工作还有哪些先行先试的案例呢？

数字化教育，未来化学校

如何整合现有信息系统的能力，将新一代技术应用到学校发展中去，如何实现学生成长性数据共享和教学教研的融通等，都是学校近年来数字化工作的核心思考。

以前一个老师面对三四十个学生，学生的兴趣点、难点、学习过程的数据全靠老师脑记手写，很难进行统计分析并做出教学计划调整。10 年前，卢湾一中心小学就开始尝试引入数字化手段，在全市率先将平板电脑引入课堂，通过后台数据分析，每名学生的答题时间、答题顺序、每名学生整堂课的正确率、每道题全班的正确率等以往很难获取的信息，现在通过人机协同都“零时差”出现在老师的终端设备上。体育课上，体育教师可实时通过终端记录关注学生的血氧饱和度和心率等体征指标信息，既确保孩子运动健康，又保证运动效果；语文课上，老师点击相应编号，孩子的书写笔迹就被实时显示出来。看似普通的“云笔”，可以“记住”自己的运动轨迹，并将相关信息实时同步到教师客户端上或投影在大屏幕上。一个学期试用下来，“云笔”让老师更了解学生，教学的针对性自然而然提高了。

在未来化学校中，数字化资源辅助师资力量快速提速，大数据让教育的量身定制成为可能，好学校不再是优先和孤立的，而是可复制推广的，使得“家门口”的好学校成为可能，进一步推进优质教育资源均衡。

智慧化校园，个性化发展

建平教育集团的智慧校园建设利用人工智能、大数据等新一代信息技术，逐步探索构建出学生画像、教师画像，助力学生个性化学习、教师针对性教学和学校数字化治理。

学生画像有助于帮助教师精准了解评价学生，开展针对性教学。为全面刻画学生画像，学校全面采集多种数据类型，包括生理数据、行为数据、学业测试、量表数据，以及其他学校的特色数据。多维度的学生数据为构建学生画像提供更多的标签信息，帮助学校和教师更全面深入地了解学生的整体状况，辅助教师在数据分析的基础上为学生提供更有针对性的精准教学干预，帮助学生科学规划自助学习路径、查缺补漏、实现因材施教。

教师画像帮助学校有效管理和监控教学活动，为教师提供更加优化的教学服务。通过采集教师基础信息、日常教学任务、校验任务、科研任务以及信息化应用使用过程的数据，生成教师数据画像，为不断改进教师教学水平、提高教师综合素质提供个性化的指导建议，持续助力教师专业发展。

在利用 360 度全方位画像助力教研方面，不仅建平集团，包括卢湾一中心小学、闵行区田园外语实验小学等多个学校都在进行探索，取得了不错的实践效果。

物联网感知，治理新范式

上海理工大学附小利用人工智能、人脸识别、物联网等技术，实现无感知安全校园建设的全覆盖，极大加强了校园的安全管理。通过无感知的考勤系统、对学生进行无感知智能统计，为学校提供到课情况统计及明细，核实学生到校情况和请假情况，通过校外访客系统，在取得授权的情况下，自动采集访客的面部信息，记录校外人员进出的具体时间次数及当前状态，并将这些信息提交给相关部门，形成访客大数据。通过智能看护系统，家长进出校园需要通过人脸识别系统确认，接到孩子需要确认身份后才能离校，在此期间，家长到校、学生离校时间等信息均会反馈给班主任和管理老师，保障整个课后看护过程的安全。

2021 年 7 月 26 日，上海市政府印发《上海市教育发展“十四五”规划》，我们从中可以看到，前面案例提到的深入推进新技术赋能教育，推动教育数字化转型和广泛应用，为全市师生提供优质在线教育和个性化学习支持，加快学校全面感知物联网基础设施配置等内容已经进入我市教育发展“十四五”规划。

2021 年 8 月 20 日，长宁区已成功申报沪上首个教育数字化转型实验区，将围绕构建一个（智慧教育）生态圈、两级（区校）数字基座、扩充三类数字资源（开放性接口数据、标准化数据、仓库数据）、实现四大教育功能（智慧学习、智慧课堂、智慧评价、智慧治理）转型、打造若干个应用场景，实现教育核心业务流程再造、数字生态环境重构，激发教育活力，实现教育绿色、协调、可持续发展。

在7月8日2021世界人工智能大会教育主题论坛上，上海市教育部门发布了上海教育数字化转型近期的七大任务，分别是：建设一批智能教育的应用场景；通过对现有教育教学和教育管理流程进行梳理和优化，实行流程再造；通过大数据驱动综合评价的改革；全面提升师生的素质素养；提升创新教育资源建设模式；建设教育的数字基座；推进教育的新基建。可见上海的基础教育数字化转型的工作已经愈发深入，预计我市的教育数字化转型工作将迎来一个新高潮。

35 “一件事”“一窗通”“沪冷链”：数据赋能监管的上海实践

2020年11月25日，中国共产党上海市委十一届十次全会首次提出“全面推进城市数字化转型”，将上海打造成具有世界影响力的国际数据之都，并在2021年首个工作日发布了《全面推进上海城市数字化转型的意见》重要文件。

贯彻执行国家和本市有关工商行政管理、质量技术监督、食品药品监督管理、价格监督检查工作，这些是市场监管部门的主要职责。收到意见通知后，市场监管部门深刻领会转型意见要求，充分发挥数字技术应用能力，助力市场监管的治理数字化能力转型。

科技助力监管

民以食为天，食以安为先，食品安全是基本民生问题，也是市场监管部门的主要工作之一。在我国新冠肺炎病例清零、有效阻断疫情本土传播后，发现了由冷链输入病毒导致的疫情传播的新渠道。为严防进口冷链食品的新冠病毒输入风险，有力推进疫情防控，市场监管局创新监管模式，按照科学防控、精准防控、人物同防、闭环管理的原则，在已建有“上海食品安全信息追溯平台”的基础上，围绕“三点一库”在全国率先构建进口冷链食品监管的“沪冷链”系统，打造集数据驱动、前瞻决策和应急指挥于一体的综合性、数字化新平台。

“沪冷链”系统通过应急处置平台模块，实现与上港集团、交通运输等部门的数据对接，通过视频监控模块对本市所有中转查验库的卸货区域、中转查验库核酸检测区域、货物消毒区域等场所进行远程视频监控巡查等功能，提高监管效能和智慧化监管水平。通过“沪冷链”微信小程序企业端、监管端两个端口，推动企业落实主体责任，上传人员健康、冷链企业信息、检测消杀、追溯信息管理等信息。同时，市场监管部门通过监管端，及时掌握冷库企业相关疫情防控信息，及时发现问题。

通过运用大数据等信息科技能力，夯实了数字化治理基础。短期内快速建设完成的“沪冷链”系统，既保障了市民的菜篮子，也做到了疫情精准防控。截至 2020 年 12 月底，已推进 548 家重点冷链食品生产经营企业纳入追溯体系。市药监局也在探索与网络销售平台建立数据共享交换机制，在商户审核、产品审核、信息审核、资质验核等方面开展数据交换和合作，共同提升线上流通的治理能力。数字化综合监管体系的建设，有力保证了市民食品、药品的安全。

数据赋能监管

市场监管局深入落实“管行业也要管数字化转型”的新理念新要求，推动管理手段、管理模式、管理理念变革，在打造科学化、精细化、智能化的超大城市“数治”新范式的具体工作中，市场监管局积极行动、积极协同税务等部门落实数据赋能，在数字化企业服务等方面进行了大胆探索，完善了数字化政务服务体系。

比如在企业开办方面，上海充分破除市场监管和税务部门之间的数据壁垒，以“一件事”视角，在全国首创建成开办企业“一窗通”网上服务平台，依托数据共享，开办企业只需填一张表格、跑一个窗口，一个环节、一天时间就可以领到营业执照和发票，流程大幅简化、效率明显提升。在企业变更方面，市场监管局将全市所有市场主体变更登记信息，主动推送给税务部门，通过数据共享和复用，企业可以免于反复填报变更信息。高质量的数据共享，也为税收征管数字化升级和涉税服务智能化改造提供了坚实可靠的数据底座支撑。在企业注销方面，依托税务部门在线反馈的企业涉税情况，简化企业注销清税材料，提供简易注销服务，进一步提升了办理企业注销的效率。

市场监管部门和税务部门之间充分发挥“一窗通”数据交换通道的支撑作用，实现了数据共享和业务协同，拓展了面向企业的全周期服务体系，为企业带来了“看得见”的便利，得到了企业社会的认同和欢迎。不仅如此，市场监管局坚持数字赋能。把数字化转型作为推动市场治理体系能力现代化的主动能，大力推动市场治理模式、场景和应用再造，加快市场监管整体融入“一网通办”和“一网统管”。

在网红打卡地武康路上，许多店铺都新增了一个电子相框，滚动显示的不仅有商品介绍，还有在全国率先实现联动的电子营业执照和食品经营许可电子证书，这“一证一照”的诞生讲述着上海着力构建现代市场监管治理体系的另一个数字化故事。

店员每次在向顾客介绍他们的产品时，总会捎带几句“你看，这是我们的证照信息”——客人点餐的时候，看电子营业执照和食品经营许可证，相对来说就会更放心一些。行业惯例和监管要求原先把纸质证照挂在店铺内的醒目位置，以保障消费者的知情权。可对于这家网红店铺来说，相对狭小的店铺空间和特殊的窗口设计，很难让消费者方便看到证照信息，有的顾客就觉得是不是无证无照，如果问起来，店员只能请他进店来看一下。

把证照信息挪到顾客点餐时视野的中心位置，看似一个小变化，背后是市场监管部门用数字化治理，“解锁”应用新场景的又一次巨大创新。实现电子证照绝不是给纸质版拍张照片，其背后是以数据融合为核心、以资源协同为支撑、以统一社会信用代码为纽带实现市场治理数据全汇集的结果。基于一网通办在生成纸质证书的同时，通过电子证照联动应用自动归集食品经营许可信息到大数据中心生成电子证书。这方面上海是全国第一个试点城市，大胆闯大胆试，给全国复制推广创造了宝贵经验。

无论是率先建成的“沪冷链”系统，还是新的亮照亮证公示，既有利于企业切实履行法律规定，营造诚信规范的网络市场环境，又有利于消费者放心消费，保障了消费者的知情权。同时辅以智能化综合经济运行分析体系，持续改善营造高质量的营商环境，促进消费市场的健康有序发展。

建立企业自主经营公平竞争、消费者自由选择自主消费，以及商品和要素自由流动平等交换的高标准市场体系离不开数字化。

我们要坚持以数字化手段完善市场综合监管和多元共治能力，包括拓展面向企业的全周期服务体系、构建智能化综合经济运行分析体系、数字化综合监管体系等，在商户审核、产品审核、信息审核、资质验核等方面开展数据交换和合作，共同提升线上流通的治理能力，不断提高经济监管新能效。

36 看不见摸不着的网络空间也需要治理吗

网络空间的概念与构成

网络空间一词最早出现在20世纪80年代的科幻小说中，是指一个将人通过脑机接口连入由计算机网络实现的虚拟空间。在该虚拟空间中，人们可以通过脑神经信号转换，以意识操控的方式在网络中进行各种交流和活动。这个空间由全球计算机网络连接而构成，人们可以在全球网络中漫游。在当时，全球互联网的发展还处于早期阶段，这个网络空间的构想还是对未来发展的幻想。

随着社会和技术的发展，人类对网络空间的理解不断扩展变化，关于网络空间的概念和定义也出现很多不同的理解。美国在2008年发布了总统令，以法令的形式对网络空间做了定义，它是信息环境中的全球领域，由相互依赖的信息技术基础设施网络组成，包括互联网、电信网络、计算机系统以及嵌入式处理器和控制器。我国在该领域也有多位专家从不同角度提出了各自的定义：信息技术角度认为网络空间是由各类信息通信技术构建的虚拟空间；社会学角度认为人际间活动是网络空间的核心；经济学角度认为网络空间是数字经济的重要组成部分。

《网络安全法》对网络的定义为：由计算机或者其他信息终端及相关设备组成的按照一定的规则和程序对信息进行收集、存储、传输、交换、处理的系统。网络与网络空间的共同点是：都由网络连接、计算设备、数据和应用构成。它们之间的差异在以下方面：

（1）规模不同。网络空间通常指全球规模，通信或计算机网络规模要小得多。

（2）用途有差别。通信或计算机网络通常有特定的服务范围，而网络空间由于接入各类网络，具有丰富的应用类型。

（3）层级不同。网络空间会涉及国家主权和国家安全，但并非每个网络都会与国家主权和国家安全相关。

尽管诸多国内外专家从不同视角给出各类网络空间的定义，我们仍可以从这些不同的视角和内容中总结出网络空间构成的要素：

（1）虚拟世界。网络空间本身是一个在线虚拟空间，它与人类社会和物理世界密切相关，通过可视化、多媒体交互、多渠道连接的方式，构成人类社会和物理世界之外的全新空间。

（2）多种接口。人类社会通过各类终端提供的接口与网络空间连接交互，例如：在笔记本上使用键盘鼠标浏览信息，使用手机触摸屏进行线上支付，在智能网联功能的车内使用手势控制导航，回到家中使用语音命令开启空调等。

（3）丰富的活动类型。人类社会在虚拟空间进行各类活动。这些活动中既有人类社会在物理世界活动的延伸，例如：线上购物、疫情期间的居家办公、多人线上协作等；又有虚拟空间的独特活动，例如：多人网络游戏，社交网络，多形态自媒体，网络社区等。

（4）海量数据。无处不在的传感器在持续收集传输物理世界和人类活动产生的各类数据，以及网络空间中的所有记录。

（5）物理世界的基础设施支撑。尽管网络空间是一个虚拟世界，但无法脱离物理世界的信息基础设施而独立存在。

我们早已熟知的信息技术、广泛应用的物联网、大数据、云计算、自动化、快速推广的人工智能、数字孪生都是支撑网络空间运行和发展的重要技术手段。与此同时，各领域持续发展的数字化进程也在逐步构建更广泛而深入的网络空间。

网络空间在上海城市发展和市民工作生活中无处不在

在上海市建设智慧城市的过程中，逐渐形成了通过两网（“一网通办”和“一网统管”）建设推动智慧城市建设和智慧城市治理的模式。“一网通办”推动了公共数据的开放共享，通过大数据中心实现了公共数据整合、共享、开放等环节的统一管理；“一网统管”则尝试运用公共数据以及互联网、大数据、云计算、人工智能和数字孪生等一些现代科技的手段，来帮助城市管理者及时精准地发现问题、对接需求、研判形势、预防风险。市公安机关通过“智慧公安”“智慧大脑”“智慧政务系统”等平台建设，从经验驱动转变为数据驱动，为城市管理工作提供保障。

第一，工业领域。以数据作为基础，通过信息技术、工业互联网、先进制造和人工智能支撑的智能制造能够为工业领域的发展带来新的机遇。从2017年至今，上海市发布了多个鼓励制造业发展的政策文件，引导高端制造业利用各类先进技术。某航空企业通过引入“5G+工业互联网”在产品设计、制造、运维管理的产品全生命周期各阶段的应用，大幅提升生产和质检效率，有效降低了部分环节的人工成本。这些工业领域企业通过与网络空间的不断融合，推动了制造业水平的持续提升，使上海制造业成为全球产业供应链中的重要一环。

第二，教育领域。2021年7月，上海市教委有关领导做了题为《上海教育数字化转型：设计与实施》的报告。市教委的转型计划分为几个方面：通过市区校三级建立以数据为核心、生态为基础、校级数字基座为关键点，以购买服务为基本的建设和运维、运营的模式；制定网状知识图谱，为以学生为中心提供支撑；通过数据挖掘实现大规模因材施教；通过多种手段如增强现实、虚拟现实和混合现实方式激发学生的兴趣。与此同时，在8月26日，教育部也批准将上海作为教育数字化转型试点区，要求尽快启动并加快推进试点区建设工作。上海市教委的数字化转型将为未来上海城市发展培养符合数字化要求的新一代人才。

第三，医疗领域。上海为了解决市民挂号难、缴费慢、排队烦的核心问题，连续两年发布文件进行指导，利用数字化转型过程中的“流程再造和智慧创新”，加快推进本市各级医疗机构数字化转型工作。充分利用数字化技术，依托国家“医保电子凭证”，结合“随申码”应用，为市民提供“多码合一”的亮码就医便捷服务。彻底改变患者在就医过程中需要不断往返排队付费的痛苦经历。实现了无感信用支付，为医疗付费“减环节”“减时间”，减少候诊排队时间平均 45 分钟以上。打造信用就医“一次都不排”的上海模式。

第四，养老领域。以上海市某辖区项目为例，该项目通过为独居老人室内安装多种类型的传感器，获取老人在室内活动及进出门状况，监测老人身体健康状况及生命体征，收集的数据会被发送到后端管理系统，向辖区管理部门通报异常数据，能够及时响应，避免因无人照料产生的意外。

第五，就业领域。随着信息技术、数字化、机器人和自动化技术的发展，很多危险环境或重复性工作都能够被机器人或自动化技术所替代，降低了人身安全的风险和员工的劳动强度。与此同时也引发了机器替代人的担忧。实际上，机器人或自动化技术并不能完全替代人而自主地完成所有任务，仅在某些特定场景下能够具备优势，例如仓库中的货物分拣搬运、生产线上的焊接喷涂。而这类工作并非人所擅长。与此同时，由于新设备、新技术的引入，也催生了大量数字化技术岗位的需求。

第六，公共卫生领域。近来全球暴发的新冠肺炎疫情已经成为全人类面对的灾难。在疫情初期，以上海为代表，各地快速推出各类健康码来管控疫情，通过大数据、4G/5G 通信技术和智能手机等各类终端来实现迅速排查密接人群和流行病学调查。当提取到病毒样本后，第一时间通过网络空间提交给全球科学家共同研究，加速了疫苗研发速度。当病毒不断变异，传播力和毒性大幅提高的情况下，一项由复旦大学等院校、上海市重大传染病和生物安全研究院与企业共同研发的先进紫外线消毒设备有效保证了中国奥运代表团在 2021 年的日本东京奥运会上无一人感染。

网络空间会影响市民的切身利益

网络空间是人类社会和物理世界的延伸，在上海城市数字化转型过程中起到重要作用，与此同时网络空间中也存在诸多问题，会对市民的切身利益产生影响。

第一，数字鸿沟。随着城市数字化转型不断加深，对信息技术和电子科技产品的依赖度也会日益增加，技术快速更迭导致终端设备换代周期缩短。这给城市中的大量老年人、残障人士以及低收入群体无障碍使用数字化服务带来困扰。疫情期间由于老人没有智能手机，或不会使用程序打开健康码而被拒绝服务的场景曾一度频繁被报道。

第二，各类网络攻击。通过漏洞、恶意代码或欺诈手段，攻击网络服务与应用，入侵网络空间的系统或服务，迫使停止服务、篡改记录、盗取数据或对数据进行加密再对受害企业进行勒索。

第三，违法违规收集个人信息。网站或移动应用为了提供服务而收集个人信息是普遍现象，当产品开发管理团队缺乏公民个人隐私保护意识或为了便于开展业务而有意过多收集个人信息时，就会导致与最新出台的《个人信息保护法》或《网络安全法》的法律要求相违背。除了个人信息被过度收集使用造成的隐私侵犯以外，还很有可能导致个人信息被泄露或贩卖给第三方。很容易出现被冒用身份或用于电信诈骗导致财产损失甚至人身伤害的严重后果。

第四，网络不良信息对未成年人的负面影响。根据国家专项课题研究成果，未成年人主要通过图片、视频、游戏和小说等形式被动接触到含有淫秽、色情、暴力、邪教、迷信、凶杀、恐怖、赌博、涉毒等危害青少年身心健康的信息。未成年人尚未建立正确的价值观和判断能力，缺乏自我控制力，易受不良信息的影响。长期不良信息影响易导致未成年人产生暴力倾向，网络成瘾沉迷游戏，或被精神控制甚至产生自杀倾向。儿童沉迷网游导致猝死、模仿网络不良信息而杀人等事件也不时见诸报端。

除了以上的问题之外，还有水军、网络谣言、人肉搜索等网络暴力行为；网络色情、赌博、网络侵权盗版等违法行为；通过网络空间传播恐怖主义、分裂主义和极端主义思想；洗钱、网络诈骗等金融犯罪行为。这些问题轻则干扰正常的工作生活，重则产生人身或财产损失。

网络空间治理需要市民的参与

可以看到，网络空间的不断发展一方面为民众带来工作生活便利，创造更多发展机遇，同时也产生诸多乱象，由于网络空间自身的特性，导致的问题甚至比物理世界中的人类社会更为复杂。

尽管政府不断完善这个领域的法律体系，陆续发布了《国家安全法》《网络安全法》《个人信息保护法》，行业主管部门不断完善相关标准和规定，并查处和打击违法违规行为，仍不足以彻底消除网络乱象。

这需要全社会的参与，市民不仅要自律，遵守法律法规要求，还应作为社会成员行使监督的权利，对发现的网络空间问题及时通知、投诉甚至举报，共同维护网络空间的秩序。

结语

数字化转型人民建

释放数字创新潜力，智慧驱动城市是未来城市的追求目标。在 250 年的工业文明历史长河中，人类经历了三次工业革命，当前正处在第四次工业革命时期，5G、云计算、大数据、物联网、人工智能、区块链等新一代的信息技术与千行百业深度融合，深刻改变了人们的生活方式，在这个关键的历史时期，我国面临数智化时代的发展机遇。2021 年作为“十四五”的开局之年，国家发布了“十四五”规划，从战略高度规划出了数字未来城市的新蓝图，强调以人民为中心，提出通过数字技术的创新应用推动数字社会、数字经济、数字政府、数字生态的全面发展，从而催生出数字城市产业经济、治理、消费和市民体验领域的数字化发展机遇。

数字化转型是适应数字经济发展的主动选择

我国城市数字化转型已经开启，城市“强数提质”成为引领数字化发展的关键内容。根据 IDC 的数据显示，2020 年我国智慧城市的支出规模为259亿元，位居世界第二，新城建、城市大脑的建设在2020年也遍地开花，尤其是上海走在了全国的前列，正在大力的探索数字孪生城市的建设，并成为国家人工智能产业的创新先导区。建设国际数字城市的标杆，高质量发展前提需要充分认识数字化，认识到数字经济的作用。

要想理解城市数字化转型，第一个问题是要去理解何为“转型”。所谓转型，一般指事物的结构形态、运转模型和人们观念的根本性转变过程。2021年10月18日，中共中央政治局就推动我国数字经济健康发展进行第三十四次集体学习，习近平强调，发展数字经济是把握新一轮科技革命和产业变革新机遇的战略选择。一是数字经济健康发展有利于推动构建新发展格局，数字技术、数字经济可以推动各类资源要素快捷流动、各类市场主体加速融合，帮助市场主体重构组织模式，实现跨界发展，打破时空限制，延伸产业链条，畅通国内外经济循环。二是数字经济健康发展有利于推动建设现代化经济体系，数字经济具有高创新性、强渗透性、广覆盖性，不仅是新的经济增长点，而且是改造提升传统产业的支点，可以成为构建现代化经济体系的重要引擎。三是数字经济健康发展有利于推动构筑国家竞争新优势，当今时代，数字技术、数字经济是世界科技革命和产业变革的先机，是新一轮国际竞争重点领域，我们要抓住先机、抢占未来发展制高点。数字化浪潮已经席卷中国几乎所有行业，各行各业的数字颠覆者不断涌现，这些变化给传统企业带来冲击与颠覆的同时，也孕育了新的机遇和可能。一方面我们意识到数字化的科技与能力在经济、生活和治理全方面都将带来诸多机会，但是，同样对企业运营与政府的治理在转型中要求也就越高，企业需要更敏锐地发现商业机会、更迅速地调整商业模式。习近平指出，要规范数字经济发展，坚持促进发展和监管规范两手抓、两手都要硬，在发展中规范、在规范中发展，要健全市场准入制度、公平竞争审查制度、公平竞争监管制度，建立全方位、多层次、立体化监管体系，实现事前事中事后全链条全领域监管。政府不仅仅要用好数字科技，在治理上下功夫，更需要引导全社会去辩证看待数字化的创新与危机，抓住创新的最佳时机。

数智时代赋予了城市新的发展要求，包括更精细的治理、更高效的服务和更强大的决策能力，城市数智化，构建与数字经济社会发展相适应的城市发展模式已经成为引领数字化发展的强大力量和战略支撑，将进一步推进国家治理体系和治理能力的现代化。

上海文化将会在转型中起基础性作用

在城市数智化转型的大趋势下，上海作为中国的数智化的标杆城市，对城市数智化也有自己的理解和认识。首先我们认为城市是生命体，是动态生长的，在经历城市信息化、数字化的建设之后，未来城市将向数智化的方向发展，将更加注重以 AI 为核心的数字科技与城市运行发展的深度融合；其次我们认为城市数智化是构建在数字孪生基础上，特征是始于连接，止于云网、融于数据，活于场景，可以看到未来城市的数智化水平将取决于每一个城市构建的端到端的一体化能力。

数字中国、数字地球正在快速向我们走来。数字科技是城市数字化转型中的“新”，万千产业生态与上海的文化是整个城市数字化转型的“基”，而如何用好科技等工具实现最终的目标需要全社会的共“建”。简单的“0”或“1”的二分化思维，是非常危险的思想。数字化转型是企业/产业的新颠覆与变革，因为数字化转型不仅仅是“数字化”，数字化转型的定义更多的是技术、商业模式和流程的重新调整或重新投资，以便为客户和员工创造新价值，并在不断变化的数字经济中更有效地竞争，其中还涉及产业变革、数字化转型以及消费转型的三大变革管理。虽然技术的现代化与科技的发展经常成为人们关注的焦点，但城市数字化转型实际上是一个人类共同的故事。转型的成功不仅仅在于技术，它更多地取决于软性指标，即一个城市的文化。当前处于经济社会转型的高质量发展阶段，停留在概念或断章取义的理解层面为多的时刻，我们需要更多的创新人才与可参考的、可复制的行业实践/案例。我们希望将这些最佳实践的核心分享给大家。

数字化转型要避免的三个误区

每个新科技似乎都有一个或多个通过数字化转型之旅应用于生活、生产以及政府治理等方面的解决方案。但是，这些方法或转型的案例，代表性与说服力有的的确还都不是很强。多数企业者与产业者，对数字转型的总体收益/价值的落地途径、转型的模式与方法等还是停留在初步概念阶段。我们花更多的精力，对企业，特别是“专精特新”企业和制造业单项冠军企业进行互联网、大数据、人工智能深度和广度的融合培训，进一步推动科技与产业融合。现在的数字化转型中有一些基本误区，需要我们时刻注意并且想办法走出来。

第一，把局部的提升视作数字化转型的成功。有相当数量的项目是典型的盲人摸象，把局部的数字科技的部分应用当作数字化的“完全改变”。今天的新科技在日新月异地发展，很多的科技应用只是停留在初级阶段，将科技广泛地实用化并且获取更好的价值主张还有相当长的路要走，一知半解绝对比一窍不通要可怕很多。

第二，重科技，轻流程。现代企业管理的手段从工业 1.0 到今天的 4.0，方法论与最佳实践非常丰满，城市数字化基础底座不断夯实，IT 与 CT 技术的进步创造了企业今天数字化转型的基本条件。以制造业企业为例，企业发展的主要挑战是效益和成本两个部分的经济可行性。数字化转型对企业而言，通过流程与新技术的管理融合，通过资源配置的重塑，向管理要利益，实现降本增效的短期目标与转型升级的长期目标。在许多情况下，企业关注的重点是技术，几乎没有考虑业务的流程。如果是这样的话，此类的新技术改造项目充其量也就是一个自动化项目。在数字化转型中，以业务运营为代表的是产业价值的源头，以数字为主的信息与数字科技，要融合各种管理手段，促进共享来降低成本，逐步提升数字化水平与能力，最终逐步实现智能化。

第三，错把对部分的改进，当作彻底的颠覆。不少条件不成熟的企业在数字化转型过程中，项目的计划未能满足“转型”的定义，甚至还没有达到示范的结果，对产业、业务的特征、模式、效益等没有实质性的改变。在那些基于科技应用的示范性项目完成后，多数的业务事实上依然还是在原有的基础上始终如一地工作。因此，“改进”或者“提升”的研究成为这类项目的重点。

上海建设国际数字之都的十点建议

新数字科技彻底改变了商业游戏规则的今天，对于所有希望通过数字化转型实现新价值的人来说，今天和明天之间，还有一段很长的时间。市场、市民、政府需要迅速全面了解各类新科技与我们的经济、生活和政务之间的相关性与关联性，利用现代经营架构，重新定义生态，通过全要素的数字化，来获得更为高效智能的服务。城市数字化转型还是要多在技术和管理这两方面下功夫，通过长期的投入，最终实现在价值生态链中的产业数字化转型。

第一，城市数字化可以从文化入口叠加技术创新实现转型。上海作为一个高度发达的数字之都，它的温度是来自于海派文化的支撑，离不开上海市民对文化的尊重与热爱，我们应该关注上海本身的文化底蕴，充分利用丰厚的历史文化资源，重视新技术应用的突破，实现机构间的合作，构筑新商业模式和生态所需的能力。将新科技与上海的文化相结合，为市民打造一座“可信与可靠”的有活力的都市。

第二，坚持“以人为本”，用数智凝聚城市，积极支撑和强化城市的平等性。在城市发展中，智能给我们带来了复杂的道德、法律和安全问题。上海坚守“以人为本”的概念，加强对现有科技的可靠性与公平性的研究，特别是在城市数字化的建设中，避免由于科技的不完整性以及架构上的重大缺陷，从而导致的技术性非公平以及社会的各种不必要的偏见和不平等现象。在现有社会基础上，上海有必要密切加强关注技术人员相关的综合能力和素质的提升，积极了解相关的主要驱动因素以及主要参与者。

第三，实施可信数字社会战略，造溯源生态未来之城。上海应以可信高质量发展为主题，以供给需求相统一为主线，以人民为中心的发展理念为指导。通过把生活、生产和生态与区块链可信技术融合，结合产业空间布局，构建特色产业功能区——“健康可信人民生态链之城”。构建起以区块链、智能物联网等技术为基础的生活、生产、生态功能区，为“新基建”铺路，为实体经济赋能。

第四，上海应建设超级数智政府，构建超级城市治理标杆。上海数字化转型过程中，免不了经历各种各样的挫折，在此困难之境，只有强有力的“超级智慧”政府才能引领上海顺利完成数字化转型。那么在现有的基础上，就需要加速政策建设，加强监管引导力度与服务意识。（1）坚持标准先行，制定和完善数字城市的标准与指标建设。具体关注智慧城市核心技术、基础应用中的基本规范，政策要积极推动数字城市治理，让国内标准与国际标准对接，完善现有标准体系，从而提升国内企业科技应用的国际影响力。

（2）加快解决方案培育，大力拓展城市数字应用场景。政策的着力点在打造设备级解决方案、企业级解决方案，以及产业链级解决方案。整合政府、金融机构、企业等各方资源，打造企业征信、跨平台服务、溯源透明管理等综合场景解决方案。（3）强化示范引领作用，完善生态体系。首先是扶持开展试点示范；其次是鼓励龙头企业基于平台汇聚政产学研用各方资源，加强数字之都的技术资源分享，突破核心技术；其三是优化营商、融资环境，通过深度行、现场会等形式加大宣传推广力度，构建产业融通发展的良好氛围。

第五，上海应该进一步开放政策，鼓励企业与社会机构全面加入城市数字化建设。在后工业、后疫情的背景下，积极构建并且发展公共安全、食品安全、医疗卫生服务、离岸贸易或全球数字供应链管理等迫切的国家战略需求。我们建议要牢牢抓住数字科技的新机遇，提前布局，构建工业供应链、区块链技术、数字金融、溯源电子政务等监管科技相融合的功能体系，打造产融结合的新型引擎和科技的赋能平台，带动整个数字之都的各产业的重塑。简而言之，就是我们需要引进头部企业，开放心态，鼓励企业与社会机构共同构筑智慧城市新生态体系。

第六，上海应巧用网络智慧，消除隐私和治安风险。上海在数字化转型的过程中应该关注城市数字安全，坚持从技术安全过渡到应用安全。现有的技术安全主要是计算机攻防，最基本的就是代码、软件、病毒，还有就是内部组织数据的盗用与管理审核之间的关系，以及“白帽子”和“黑帽子”的对抗赛。上海应将重心逐渐转移到应用安全上，如数据的相关衍生服务与商品、城市民众的数据的权益以及城市网络生态安全的建设上来。网络智慧不仅应该应用在基本的技术安全上，还应该深入到市民的日常生活中，配合相关的数据衍生服务，构建市民生活网络生态安全体系，使得市民切身接触到数字化转型带来的红利。

第七，上海要加快新型基础设施建设，加强战略布局，产业集群与城市集群共振发展。“十四五”期间，上海对于集成电路、生物医药、人工智能三大先导产业的目标，是努力实现产业规模倍增。同时，还要打造六大重点产业集群——电子信息产业、生命健康产业、汽车产业、高端装备产业、新材料产业、现代消费品产业。上海应积极开创新模式，发挥三大先导企业的领导作用，拓展城市化业务，让企业可共谋数字化财富，重塑行业；也应关注智慧城市的应用模式创新，通过平台、数据、算法拓展智慧城市的服务的价值；更应该平衡产业集群与城市集群之间的关系，使得二者之间良性、共振发展。

第八，智能规划配合优质人才资产的开发。后疫情时代的经济复苏之路在于加强数字化和推动绿色经济。世界一流的人才的数量和质量，高品质的素质与职业教育生态，直接决定着上海城市数字化的进程，决定了前沿技术和产业创新发展的速度和广泛度。上海要想加快城市数字化转型的建设，就要跟进配套综合服务，创造有利条件，充分发挥企业在人才培养、吸引、使用、投入中的主体作用，引导、鼓励、支持企业紧紧依靠人才，用好、用活人才，推动人才技能与素质提升，让人才为数字之都建设的技术开发、市场运营和产业创新发展“添翼”。

同时，上海也要继续优化企业创新发展环境，促进人才链与创新链、产业链、资金链、信息链深度融合，把人才优势转化为发展优势。准确把握融合科技发展的现状和趋势，避免单线技术，注重系统化融合，系统梳理新科技的融合、功能拓展、产业细分不同领域的人才短板，科学分析技术发展处于从量的积累向质的飞跃、点的突破向系统能力提升的重要时期的人才需求，对接理清在数字城市和产业创新发展中存在的人才数量、结构、培养、储备与发展不匹配、不适应的问题。

第九，推进重点领域数字产业发展，聚焦战略前沿和制高点领域。随着 AI 技术的不断释放，城市数智化升级也表现出了四个趋势：一是资源化，数据资源体系不断完善，数据治理逐步高效智能，数据共享更加广泛、深入，同时数据安全态势的主动感知和防御也在不断深入。二是融合化，AI 与其他先进技术进一步深度融合，比如说 AI+5G、MEC 释放出了边缘智能的价值，AI+AR/VR 提供了远程沉浸式的体验支撑，AI+ 区块链实现了金融七大监测、智能设备的安全监管等场景。三是孪生化，AI 加快了数字孪生的进一步落地，首先 AI 将高效地助力数字孪生的三维构建，其次 AI 数字孪生将在城市的归、建、管一体化方面不断提高城市的智慧化水平。四是下沉化，以社区为场景的微基建广泛部署，基于人群画像立体化的微服务正在加速构建，以社区、楼宇、园区为切入口的城市治理服务业越来越精细化。上海要建设成为国际超级数字城市，应关注到城市应用，实施有效政策，为上海现有设施带来改善。从医疗、交通、生活、就业、安全、环保、公共设施等多方面进行考虑，综合性地建设对上海市民有帮助的基础设施，坚持“以人为本”的概念，将改善上海市民的生活放在首位，减少上海市民生活出行困难，切实提高上海市民的生活质量。

第十，上海要积极参与数字经济国际合作，应为全球数字城市的新标准做出上海贡献。上海的城市数字化转型坚持“以人为本”的准绳，在建设与发展中，正在逐步构建一体化的创新能力。在连接方面，通过千兆网络，在云的方面打造了基于云网一体的综合算力平台，在城市的中枢方面构建了数据智脑引擎，提供物联感知、数据融合、时空孪生三大创新服务，形成了城市强大的数据资源枢纽和能力支撑中心，建立有效的数字化城市治理体系和上海的数字市民文化建设，增强感知，增强人与人的交流，增强组织形态的建设，同时从消费协作到社会协作，推动全面质量提升。上海未来可以做到即时链接、即时服务，在市民提出困难需要帮助时，及时发挥社会各界应有作用；也应该在线上拓宽服务范围，在综合管理方面建设城市智能运营中心，打通数智融合的数字治理最后一公里，实现全域的态势感知和指挥联动，辅助科学决策，360 度视角的市民体验，在应用方面创新治理经济和生活的应用，助力城市服务更高效，生产更强劲，生活更美好。全面实现线上线下互补、场景职能交互，将线上线下服务结合，更好服务市民；还应该积极完善治理、市场与市民的关系，将文化软实力和硬实力内在统一于城市综合实力；更应该加设市民监管机制，将数据公开透明化，积极鼓励各企业的创新发展，使得上海市民对于城市的建设更富有责任感与参与感。这些都是在建设上海成为国际数字之都的进程中所能够期待的场景，我们需要与国际社会全方位对接和交流，分享和提出上海在超大规模城市的数字化建设中的实践与经验，努力形成新的国际示范与标准。

基础设施建设是每一次工业革命爆发的基础，而在现阶段的智能时代，新一代数字基础设施建设将是未来数字经济高质量发展的基础，为我们观察未来发展趋势提供思路。首先，技术创新会带来“新数字鸿沟”，如何化解，需要从政府、企业、个人等多方面综合考量；其次，老龄社会迹象愈发明显，需要推动老龄化、智能化、城镇化的三化共振发展，推动年轻社会向老龄社会基础设施转型；其三，数字安全治理的风险凸显，要特别重视监管治理科技在产业发展中的作用，应对产业界限模糊化的发展趋势。

2021 年 10 月 18 日，习近平在中共中央政治局就推动我国数字经济健康发展进行的第三十四次集体学习上，强调数字经济事关国家发展大局，要做好我国数字经济发展顶层设计和体制机制建设，加强形势研判，抓住机遇，赢得主动。各级领导干部要提高数字经济思维能力和专业素质，增强发展数字经济本领，强化安全意识，推动数字经济更好服务和融入新发展格局。要提高全民全社会数字素养和技能，夯实我国数字经济发展社会基础。城市数字化转型之旅不可能一蹴而就。数字产业与产业数字化转型已成高度共识，每项前沿信息技术和数字科技都将在发展更智能、互联的大都市的总体战略中发挥不可或缺的作用。然而，产业数字化转型周期长，复杂程度高，在转型过程中通常存在综合能力不够，改造成本高，收效不清晰，人才储备不足，转型战略模糊等现实问题。经济、生活、治理与新兴技术的整合将从根本上引领数字城市的创建。政府、市场、市民应合力推动城市数字化转型升级，更好履行数字责任，促进全球城市数字化创新。数字化和智能化领域的变革，未来可期，让我们共同为把上海建设成国际数字之都而不懈努力！